中国式场面话

刘慧滢◎编著

华龄出版社
HUALING PRESS

图书在版编目（CIP）数据

中国式场面话 / 刘慧滢编著 . –– 北京 : 华龄出版
社 , 2022.6
ISBN 978-7-5169-2332-0

Ⅰ . ①中... Ⅱ . ①刘... Ⅲ . ①人际关系 - 口才学 - 中
国 - 通俗读物 Ⅳ . ① C912.13 -49

中国版本图书馆 CIP 数据核字 (2022) 第 140258 号

| 策划编辑 | 刘天然 | | 责任印制 | 李末圻 |
| 责任编辑 | 郑 雍 | | 封面设计 | 邵丽丽 |

书　名	中国式场面话	作　者	刘慧滢
出　版 发　行	华龄出版社 HUALING PRESS		
社　址	北京市东城区安定门外大街甲 57 号	邮　编	100011
发　行	（010）58122255	传　真	（010）84049572
承　印	天津海德伟业印务有限公司		
版　次	2022 年 9 月第 1 版	印　次	2022 年 9 月第 1 次印刷
规　格	640 mm x 910 mm	开　本	1/16
印　张	13	字　数	150 千字
书　号	ISBN 978-7-5169-2332-0		
定　价	49.00 元		

前　言

良好的人际关系，从说好场面话开始

曾有文章指出"口才、财富、技术"是当今立足社会的三大战略武器，其中"口才"居于首位，更体现了社会生活中"好好说话"的重要性。

人是社会生活的主角，在纷杂的社会环境中，我们每天不可避免地要面对形形色色的人和五花八门的场面。在面对生活和工作的时候，能否游刃有余地说好场面话，不但决定着我们事业的发展高度，同时也影响着我们人际关系的质量。笨嘴拙舌者难得青眼，舌灿莲花者左右逢源，这都是我们在职场、社交圈中经常见到的现实。

可见，场面话不但是事业成功的关键，也是人们获得良好人缘的诀窍。那么，究竟什么是场面话呢？

场面话，简而言之，就是让人听了能够高兴的话。场面话不仅是人与人之间一种良好的沟通方式，更是人性丛林中必备的生存技能之一。或许有些人觉得场面话是"虚伪""造作""欺骗"的代名词，认为做人讲究实事求是即可，不必说一些冠冕堂皇的话来装点门面。然而，这样的想法未免有失偏颇，同时也将场面话狭隘化了。

场面话并非心口不一的过分夸奖，也不是浮皮潦草的客气寒暄，而是人情社会的一种必要技能。生活中，我们经常能发现，有些人进入新环境，很快就能够融入其中，成为人人喜欢的"香饽饽"；而另外一些人却经常在人际交往中受挫，同样努力办事，却处处说话"踩雷"，遭人嫌弃。这就是不会说场面话造成的差距。

现代人际关系学研究中，曾有这样一种观点：当今社会，一个人能否获得成功，仅有一小部分由专业知识决定，而大部分则取决于这个人说话的艺术。现实中很多人也并非缺少获得更多人喜欢的能力，而仅仅败在口才不过关，说不好场面话上面。

那么，在"人情世故"至关重要的生存环境中，对于曾经在人际交往中因为说不好场面话而屡屡碰壁的人们来说，如何才能练就左右逢源的本领，说出得体的场面话呢？

本书将从中国古典文化、历史经典案例、当代社会生活实践等方面，精炼出说好场面话的秘诀，涉及初次见面、职场沟通、会议谈判、面试慰问、亲友聚会等不同场景下说好场面话的技巧，让曾经不善言辞的读者们在实际案例中获得语言的智慧和说场面话的技巧，把场面话作为钥匙，打开人际交往的大门，让你从此讲话不再生硬、敷衍。也希望大家通过本书领略到场面话的智慧与力量，从而与他人建立一种良好的人际关系，继而在生活与事业上取得成功。

目 录

第一章 初次见面，言谈决定你的印象"标签"

得体称呼，给场面话开个好头 / 2

诚挚问候，敲开亲切对话的门 / 5

赞美点睛，陌生到熟悉的破冰 / 8

投其所好，搭建场面话的桥梁 / 10

一句走心，胜过十句表面恭维 / 13

察言观色，在交流中判断与调整 / 16

谨慎说话，别让你的率真变成麻烦 / 19

选对话题，尽量打开对方的话匣子 / 21

第二章 饭局吃出人情世故，场面话说出人脉关系

邀请不同人吃饭，场面话技巧大不同 / 26

点菜哲学，给客人说话的机会 / 28

食物口味找共鸣，上菜间隙不冷场 / 31

调节气氛显内涵，席间话题学问大 / 33

酒桌上学会称呼，让关系迅速升温 / 36

花式敬酒燃情绪，酒局气氛全靠唠 / 39

酒桌"打太极"，场面话见功夫 / 41

"下次再聚"，散席的点睛之笔 / 44

第三章 亲友交际考情商，会说话让感情不断升温

分享欲，是最好的赞美 / 48

因为是朋友，更要说服你 / 50

亲友也要有距离，客气不是不爱你 / 53

许诺量力而行，承诺势在必行 / 55

设身处地的安慰，让友谊坚固 / 58

亲人间的场面话，是生活的仪式感 / 60

学会委婉拒绝，让感情更真 / 62

网络一线牵，场面话不仅在口头 / 64

第四章 求人办事，感情与利益兼顾更有说服力

放下架子，开口先给人面子 / 69

把握人心，夸人夸到"点子"上 / 71

情义当先,求人办事别说成生意 / 74

巧妙示弱,激发对方同情心 / 76

请将出马,激将之言少不了 / 79

权衡利弊,分析双方得失 / 81

莫忘恩情,让人情在感谢中延续 / 84

第五章 面试谈出高薪资,用场面话抓住对方心理

拒绝千篇一律的无效介绍 / 88

表里如一,让你的话更可信 / 90

花式褒扬,助你顺利通过面试 / 93

扬长避短,让你的优点更耀眼 / 96

好印象从志同道合开始 / 98

面试不是应试,是真诚的交流 / 101

才能展示,画龙点睛很重要 / 103

第六章 不做职场"边缘人",场面话为你的事业加分

说好场面话,职场生存有术 / 108

有备而来,张口不尴尬 / 110

先"得体"再"得心",职场幽默要有分寸 / 113

"八卦"有度,办公室话题别乱说 / 115

职场进阶，努力与汇报同等重要 / 118

以退为进，巧用场面话弥补失误 / 121

为领导解围，给自己加分 / 123

说好场面话，日后好相见 / 126

第七章　会议桌上讲套路，迂回变通做场面

言之有物，让目标听到你的场面话 / 131

观点不同，不如欲抑先扬 / 133

圆场打得好，人人看得见 / 136

用幽默打破僵局，让会议进行下去 / 138

有一种高情商，叫"看破不说破" / 141

随机应变，见缝插针地发言 / 143

忠言不必逆耳，直话可以婉说 / 145

第八章　谈判不必针锋相对，会说话让你掌控主导权

开局无赘言，让沟通更有力量 / 150

巧妙引入话题，把握谈判的主导权 / 152

环环相扣，步步为营，场面话为谈判铺路 / 154

以退为进，迷惑对方的判断 / 157

以情动人，善用共情心理 / 159

以理服人，用实力做底牌 / 161

第九章　巧妙拒绝不伤和气，委婉反驳不减情分

中式幽默，化解拒绝的尴尬 / 166

含蓄暗示，让拒绝更得体 / 168

沉默的回答，此时无声胜有声 / 170

赞美先行，让被拒绝者更舒心 / 172

点到即止，将反驳之意传递给对方 / 175

迂回表达，不伤他人的面子 / 177

第十章　特殊场面，懂规矩让你开口不怯场

展现自身魅力，不同场面不同话 / 181

婚庆场合，巧妙祝酒，其乐融融 / 183

生日场合，祝福送到心坎儿里 / 185

葬礼场合，敬赞逝者安慰亲属 / 187

领奖场合，别忘记感谢陪你成长的人 / 190

慰问场合，别让过分客气变"虚伪" / 192

演讲场合，用"闪光点"让更多人记住 / 195

第一章

初次见面，言谈决定你的印象"标签"

言行举止，是人际交往中我们判断一个人是否值得结交的关键。"言"放在首位，体现的是能说会道在社交中的重要价值。

在人情社会中，场面话是传情表意的工具，也是人际交往的武器，"一句话能把人说跳，一句话也能把人说笑。"而究竟是"跳"还是"笑"，很多时候靠的就是第一印象，说话做到心中有数，才能在社交场中游刃有余。

得体称呼，给场面话开个好头

中国作为礼仪之邦，在场面话方面自古就有深厚的文化基础。首次见面问"贵姓"，为表尊敬说"久仰"，这些沿用至今的场面话，往浅处说是常识、学问，往深处说就是规矩、礼仪。

在繁杂的社会交际网中，能否在言谈间给人留下好印象，将决定着你和他人关系的发展。

俗话说："万事开头难。"如何与陌生人或不太熟悉的人打招呼，已经成为很多人开启场面话的头号难题。学会选择恰当的称呼，才能给你的场面话开个好头。

生活中，我们经常要和陌生人打招呼。很多情况下，不知道对方姓名，无法准确称呼，那么"您""请问""打扰一下""你好""见到您很高兴"这类礼貌用语，可以成为你不知对方姓名时的敲门砖，帮助你迅速找到沟通的入口，开始接下来的对话。

顾先生是一家广告公司的销售经理，平时特别受人欢迎，走到哪里都能很快交到朋友，连他在公司带领的销售小组，也因为他的好人缘，经常业绩领先。一次公司会议上，大家让顾先生传授一下初次见甲方的沟通技巧，顾先生便给同事们分享了他的说话之道：

"和甲方沟通时，热情、尊重总是我在说话时最先传达的信号，毕竟'伸手不打笑脸人'，态度主动、热情，表情自然、大方，能够给对方留下良好的第一印象。另外，在对接时，问候分清主次，找准能'做主'的关键人物，在面对多个谈话对象时，一般以先上后下、先长后幼、由近及远的顺序，让对方感受到被尊重，后面的谈话才能顺利开展。"

除了初次见面称呼他人的基本小妙招，顾先生还强调，和人打招呼时学会用语言褒扬人，也是好人缘和好业绩的不二法宝。

"逢人减岁，遇物加钱"，这是老祖宗留给我们的处世智慧。例如，在对女性的年龄和婚姻状况不确定时，称对方"女士""美女"，要比叫她"太太""大姐"更容易获得对方的好感，拉近彼此的距离。

另外，工作中我们也经常需要与各方面对接，要想避免称呼错误的尴尬，就要从工作岗位、上下级关系等不同角度选择恰当的称呼。

由于工作场景与日常生活场景的差异性，无论是工作对接还是日常寒暄，选择更为正式、规范的称呼，是打开职场场面话的关键。

小王作为一名初入职场的实习生，就曾在工作中不知道如何与人打招呼，造成过很多次"社死"的场面，还好人事部同事细心告诉小王"职场生存发展"第一课，才让小王学会了这些初次见面打招呼的大学问。

首先，面对不同工作岗位，称呼以敬为先。对工作交往对象的称呼既要体现敬意，又要体现其身份。比如，与有职称的人交流，可以用"姓+职称"的方式，如"陈工（程师）""王教授"

"李博士"，或者对有职务的同事，采用"姓+职务"的称呼，如"李总（经理/总监）""沈董（事长）"，让对方感受到你的尊敬与认同。

其次，面对上下级关系，称呼以尊重和拉近距离为先。对待上级除了可以选择以上"姓+职务"的称呼，还可以选择"领导"这一较为通用的称呼。面对下级沟通时，见面打招呼可以适当地称呼其姓名，让其感受到被关注和重视，如不知道姓名，则可称呼"职位+老师"，如"设计老师""文案老师"，让对方感受到尊重。

这些职场称呼小妙招拯救了初入职场的小王，相信也能帮助很多职场"萌新"学会恰当地称呼他人。

不同于工作场景，日常生活中与人交流、攀谈，则需要选择一些更容易拉近彼此距离的称呼，才能让接下来的场面话水到渠成。

我们在生活中称呼人的方式各有不同，只有区别场合、入乡随俗，才能减少日常交际不必要的尴尬。

比如工作中可以用"先生""女士"等较为正式的称呼，生活中则最好选用更为亲昵客气的称呼，如："阿姨""叔叔""小姐姐"之类。不同地区也存在称呼习惯上的差异，要注意尊重当地文化习俗，比如在北方，"师傅"属于尊称，而南方人则更多将其认为是对出家人的称呼。

遇到农民，可以用"老乡""大伯""大娘""大姐""兄弟"等具有亲切感的称呼；遇到年轻人，则可以使用"帅哥""美女"

等具有夸奖性质的通用称呼，或者"同学"这种既能体现对方年轻，又能体现其文化学识的称呼，也逐渐受到年轻人喜欢。

总之，恰当得体的称呼能让社交事半功倍，给对方留下良好的第一印象，让我们迅速成为一个受欢迎的人。

诚挚问候，敲开亲切对话的门

初次见面的问候，总是能让对方记忆深刻。我们会发现一些人灵巧嘴甜，很容易让对方觉得如沐春风，而另外一些人则过于腼腆，在与人攀谈中总是失败。这些"社恐"人士与陌生人对话时，一来不知道如何起"话头"，交谈中经常遇到冷场；二来也容易因为在与他人初次见面中过于热情，而显得刻意，让对方生出谈话尴尬或存有戒心。

其实这样的"社恐"并不是个别现象，很多人心中都有初见说场面话打怵的情况。如何利用恰当的场面话给对方舒适的谈话体验，利用诚挚的问候敲开亲切对话的大门，就成为我们初次交往成败的关键。能言善道固然能吸引目光，但诚恳而亲切的对话也能拉近彼此之间的距离，而所谓的"攀亲道故"好说话，是古人教给我们的道理。

赤壁之战中，鲁肃作为东吴军中具有远见卓识的人物，一直认为曹操势力过大，单依靠江东一地难以抵挡，合刘抗曹，与荆州形成联合之势，才是上策。局势未明之际，鲁肃率先找到刘备和诸葛亮，游说联合之策。这样剑拔弩张的情况下，如何三言两语为合力抗曹铺路，就变得至关重要。

于是，鲁肃在见到诸葛亮之后，第一句话不是权衡利弊讲谋略，而是说"我，子瑜友也。"鲁肃口中的子瑜，正是诸葛亮的哥哥诸葛瑾。短短一句话，既表明自己是诸葛瑾的挚友，弱化了功利性的谈判和游说氛围，又让自己与诸葛亮之间多了一份"哥哥挚友"的情义关系，可谓一箭双雕，奠定了二人之间后来的交情，也让孙刘合谋之事有了良好的谈话基础。

其实，在我们的生活中，只要做好功课，用心观察，即使初次见面，也能找到双方之间的"亲""友"关系，迅速把握住问候聊天的纽带。

小吴作为医药公司的销售经理，在与新客户对接时，经常能在两三句话之间就让人觉得亲切友善，靠的正是场面话招呼中的"攀亲道故"。

每次见新客户之前，小吴都会先了解客户的基本情况，为开场问候找好切入点。比如："听说您是××大学毕业的，我之前还去那里进修过呢，咱们这算是校友啊！"

"听说您是长沙人，我上学时在长沙生活过好多年，特别喜欢长沙口味，那儿就是我的第二故乡，今天见您，也算遇到同乡！"

这样"攀亲道故"的开场白，经常能帮小吴迅速拉近与新客户的距离，后面的对接自然无往不利。而除了"攀亲道故"，尊重和敬仰也是敲开沟通之门的小妙招。

很多人都知道第一次见面谈话中表现出敬重和仰慕，更容易让人有好感。但是仰慕的话如果掌握不好分寸，很容易弄巧成拙，让对方有胡乱吹捧之感，也容易给对方留下虚伪和不真诚的坏印象。要想让场面话里的这份敬重和仰慕更真诚，关键在于"因地制宜、因人而异"这八个字。

在人际交往中，"久仰大名""如雷贯耳"这种场面话很多，听多了难免让人觉得过头，这时候如果你能够吹捧到"点子"上，就能更好地给人留下真诚、亲切的印象。

王露是一名记者，经常要采访各式各样的人，与人打交道可以说是王露的重要工作之一。每次采访一些德高望重的人，王露经常会选用这样的开场白："您老人家好啊，听说今天能来采访您，我特别高兴，您的大作《×××》，我学生时代就反复读过好多次，特别精彩，今天总算能一睹作者的风采了！"

这样一句简单的问候，既能让对方感受到被关注和被尊重，又不会让人觉得虚伪，甚至带点"粉丝滤镜"的可爱感，自然很容易拉近谈话双方的距离，给初次见面奠定良好基础。

也许我们遇见的陌生人，并不如王记者采访的对象一样有德高望重的社会背景或优秀的作品供我们敬仰，但即使是面对普通人，我们也可以找到很多细节问候对方，比如："最近天气这么干燥，你这皮肤保养得还这么好呀！"这种细节处的问候比千篇一律的"你好""久仰"更能打动人心，为接下来的交流创造出

7

一个良好的氛围。

赞美点睛，陌生到熟悉的破冰

人际交往中，人们都希望获得他人的赞美，而赞美究竟是什么呢？

赞美是发自内心地对于自身所支持的事物表示肯定的一种表达。

"发自内心"和"肯定"是赞美的关键词。其实在早期心理学研究中，威利·詹姆斯就曾经表示："在人类天性中，最深层的本质是渴望得到别人的重视。"而人际关系中我们对赞美的期待，其实是一种对被关注和被重视的期待。

所以，在社会交往中，给予交往对象更多"被赞美""被重视"的感觉，让对方心花怒放地接受，是场面话的第一要务，而有用的场面话，不但自己要说得真诚，更要让对方内心受用。尤其对很多初来乍到的新人来说，言贵于精，说的话让对方受用，才是有效的场面话。

小刘刚刚跳槽到新公司，希望大展拳脚，快速有一番作为，所以最近致力于和同事们打好关系。但是每次小刘和同事们闲聊，总是惹得对方不太高兴，这让他百思不得其解。

第一天上班，看到对面工位的女同事装扮精致，小刘笑着说："呀！你今天这妆化得真好，好漂亮！"没想到女同事居然一脸不悦地说："我今天化妆痕迹这么明显？"女同事的不快让小刘困惑不已。为了缓解尴尬的氛围，小刘继续夸赞道："你今天的裙子也很好看，眼光真好，我媳妇也有一条一样的。"没想到这句话不但惹得女同事更不高兴，连周围其他同事投来的眼光也不那么友好了。

其实小刘想要夸人的心思是好的，适得其反主要是因为他没有找对赞美的关键点。

每个人的审美是不一样的，被夸奖漂亮虽然是一件高兴事儿，但是小刘却重点强调对方的妆容。女生都希望自己"天生丽质"，化妆是一种变美的手段，被他人直白地指出，难免心中不快。另外，小刘夸奖女同事的裙子，却加上一句"我媳妇也有一条一样的"，这种赞美方式让人觉得自己的美缺少差异化，自然惹得女同事心中不快。

其实在社交中，赞美人的场面话有很多种，我们并不需要以量取胜。把场面话说到别人心坎儿里，用点睛式赞美，自然而然拉近彼此的距离，让对方感受到关注和信任，才是上上之选。

我的朋友大福买西瓜有秘诀，每次夏天她买到的西瓜都是最甜的。为了实现"甜西瓜自由"，我找她取经，"为什么你买的西瓜总是这么甜呢？"

"因为我买西瓜前都夸卖瓜师傅呀！"

听到这个回答我不禁大惊："为什么夸卖瓜师傅买来的瓜更甜？"

"这你就不知道了吧！挑西瓜当然是卖瓜师傅更拿手，所以我每次买西瓜时都会和师傅说：'前天我就是在您这儿买的西瓜，回去我爸妈都夸好吃，说是我们今年夏天吃过的最好的西瓜！要不说呢，还是您挑得准，今天麻烦您再帮我挑个甜的，我给我嫂子送去，让她也尝尝您家的西瓜。'"

大福说，每次这样一番说辞下来，卖瓜师傅都会特别认真地给她挑西瓜，拍了又拍，专挑品相好，又新鲜的，还会叮嘱她："要是不好吃就送回来，给你换！"

不得不说，大福的买瓜话术就是很有效的场面话，既夸到了别人心坎儿里，又不留痕迹，既抬高了别人，又达到了自己的目的。

其实，我们在与陌生人初次打交道时，不妨也学学大福的夸人之道。

首先，不要为了赞美而赞美，社交化敷衍的赞美不但难以让对方觉得被尊重和受用，反而容易引发对方的反感。其次，赞美要具有差异化，别人都夸西瓜甜，你就要夸卖瓜师傅会挑瓜。让对方感受到自己独特的优点被人关注，让被赞美的人有一种自己要担得起这赞美的"责任感"，自然赞美的话更容易落到对方心坎儿里。

几句场面话就把对陌生人的赞美夸到点子上，你和他之间对话的鸿沟自然就会缩减，从陌生到熟悉，也就不再是难事儿。

投其所好，搭建场面话的桥梁

说场面话是社会交往中不可避免的交流方式，但是如何说好场面话却大有学问。俗话说得好，"过什么山唱什么歌"，"看人下菜碟"，场面话就需要这样"见风使舵"的聊天方式。

　　高明的人说场面话都会先快速了解一番交谈对象，再投其所好地开展对话。这样在交谈时就能营造出更好的谈话气氛。那么，如何在言谈间投其所好呢？学会倾听，从对方说的话里判断其心理活动，就是让你的场面话有的放矢的好方法。就像古典名著《红楼梦》中告诉我们的，静默观察、主动出击，方为上策。

　　《红楼梦》中袭人在一众丫鬟中独受王夫人青眼，和她每每在关键时刻能够读懂王夫人的顾虑，投其所好地说好场面话大有关系。

　　　　在《红楼梦》第三十四回中，宝玉挨打后，袭人察言观色，分析王夫人的心理，在王夫人无意中透露出的态度和表情中捕捉其心中所想，于是提出了这样一条建议："如今二爷也大了，里头姑娘们也大了，以后叫二爷搬出园外来住，就好了。"

　　　　没想到这条看似普通安慰人心的场面话，竟然暗合王夫人往日积虑。王夫人不禁感慨道："我的儿！你竟有这个心胸，想得这样周全，我何曾又不想到这里？只是这几次有事就忘了。你今日这话提醒了我，难为你这样细心。真是好孩子！"而后，王夫人更是就此机会，对袭人说："你如今既说了这样的话，我就把他交给你了……自然不辜负你。"

　　王夫人因一句话对袭人赞赏有加，并暗示想要提拔袭人。这就是投其所好的场面话所发挥出的语言效益。社交中，人们的情绪、想法很多时候就暗藏在每个细节动作和微表情中。而面对不熟悉的人，很多时候人们无法真实地表达自己的想法。这时候，如果你能够做那朵"解语花"，迅速把握对方的心思，顺其思路，运用合适的言辞激发对方表达的情绪和意愿，自然就能让谈话氛围其乐融融。

袭人这种在倾听和察言观色中投其所好的谈话方式，运用到我们生活中，也是无往不利的。

小徐是公司的资深设计师，最近负责带组里新来的实习生露露。露露性格内向又胆小，实习一个多月了，还是难以融入大家，导致日常工作上的对接也十分不顺利。某日，公司团建去KTV，同事们欢歌笑语，露露又是那个不声不响靠边坐的"背景板"。

小徐知道露露是个动漫爱好者，因为不希望她被边缘化，所以特意点了一首她平日里喜欢听的动画歌曲，并嚷嚷着自己唱不好，拉着她一起唱歌给自己壮胆。

一首熟悉的歌让露露的拘谨稍缓，小徐趁机问道："没看出来，你唱歌还挺好呀，怎么？你也喜欢这部动画吗？"听到自己熟悉的动画被提及，露露立刻有种得遇知音的感觉，逐渐活跃起来，开始与小徐谈论起喜欢的动画。聊天期间，小徐时不时地表示赞同，偶尔还穿插点自己的小见解。在这样愉快的谈话氛围下，露露觉得自己不再是社交场中的"局外人"，而是逐渐打开了自己的心扉。通过这次团建中的愉快交谈，后续工作中露露开始逐渐习惯组里的气氛，工作上也顺利了很多。

小徐对露露唱歌的夸奖以及对动漫的热情讨论，都是让人如沐春风的场面话，含金量未必百分百，却让胆小内向的露露在这段交谈中十分"舒服"，进而搭建起了二人日后工作中愉快交谈的桥梁。

心理学研究表明，人在愉快的谈话氛围中更容易产生包容心以及同理心，会更愿意接受对方的观点，并和对方继续交谈下去。在这种愉快氛围下，即使对方意见不同，也能在和谐的聊天氛围中做到求同存异。而投其所好的场面话正是搭建这种愉悦聊天氛围的关键。

每个人都希望自己成为一个"会说话的人"，善用场面话的力量，学会让对方获得谈话好心情，往往就是我们获得惊喜和机会的开始。

一句走心，胜过十句表面恭维

赞美和恭维就像场面话里的一对孪生兄弟，它们有共同的目的性，不仅能让听者身心愉悦，同时也能让说话者收获对方的好感。

曾经有这样一种说法："赞扬能使羸弱的躯体变得强壮，能给恐惧的内心以平静和信赖，能让受伤的神经得到休息和力量，能给身处逆境的人以务求成功的决心。"可见人际交往中，赞美能够给人带来多么无穷的能量和信心。

但是在"夸夸互助小组"都变成社交日常打卡的今天，很多人每天打开手机就能轻易听到各种赞美和夸奖的话，你在社交中赞美的场面话，是否已经开始黯然失色了呢？

赞美的价值不在"锦上添花"，而在"雪中送炭"。当人们已经听腻了那些表面的恭维话，你的一句走心之言，也许就是杀出重围，赢得对方好印象的必杀技。

其实，恭维和赞美这种社交手段，早在中国古代就已经被各位前辈运用得炉火纯青了。清末时期，合肥知县送给重臣李鸿章的一副寿联，就让我们领略到"夸得多不如夸得巧"的道理。

李鸿章作为清朝重臣，位高权重，想讨好他的文武百官犹如过江之鲫。恰逢这年李鸿章夫人五十大寿，文武百官巴结送礼的自然不在少数，祝寿期间更是各个舌灿莲花，恭维奉承的话车载斗量，源源不断。

为中堂夫人贺寿的消息传到了合肥知县那儿，却是愁坏了小小知县。一方面合肥知县囊中羞涩，实在拿不出什么像样的寿礼；另一方面就算挖空心思送了点能看的东西，料想也是比不过其他官员的。

一筹莫展之际，知县的师爷为他出了个好主意，师爷说："送礼这事儿好办，我不花一分钱，为你准备一件能够让李大人眼前一亮的好礼。"

知县大喜，连忙追问是何宝贝。

师爷说："李大人阅遍世间珍宝，听惯阿谀奉承，这些大概都是他不稀罕了的。我们送一副寿联即可，一定保您飞黄腾达。"

知县带着疑虑将师爷写的寿联送上。李鸿章一看上联："三月庚辰之前五十大寿"，正腹诽这寿联莫名其妙，自己夫人是二月生日，这上联不是废话么！他接着看下联："两宫太后以下一品夫人。"

这"两宫"指的正是当时的慈安太后和慈禧太后。见"两宫"字样，李鸿章不但不敢怠慢，将此寿联恭敬悬挂，还对这剑走偏锋的合肥知县青眼有加，自此这知县真凭一副寿联官运亨通了。

一副寿联送的不是早已世人皆知的恭维与赞美，而是李鸿章内心最需要的比肩"两宫"的殊荣。这种走心的赞美与其他人千篇一律的寿礼相比，高下立见，短短一句，说到心坎儿上。生活中不妨也学学这位知县夸人的本事，让你的场面话更有"分量"。

其实，通过用心观察我们可以发现，人际交往中左右逢源的人，一般都不吝于赞美他人，最重要的是，即使在初次见面时，他们的赞美也经常显得别具一格，而不会沦为简单的吹牛拍马。

顾总作为职场精英，自有一套特别的社交手段。每次见到不同的客户，他都会选择恭维对方的话，遇到年轻客户，就会夸对方"年轻有为，魄力非凡"，并对其最近的具体作为进行一番夸奖，证明所夸"年轻有为"不是虚言。遇到中年客户，就会夸对方"经验丰富，见多识广"。"这次的××项目，找您合作，就是看中您在行业中的影响力和见识。"

这些看似简单恭维，实则句句夸在实在处、夸到对方得意处的场面话，让顾总初见客户就能迅速获得对方好感，同时也成为他在行业里口碑良好的基础。

初次见面几句话，就能夸人夸到对方得意处，自然胜过千篇一律的"高帽子"，可见，"言不在多，句句珍贵"才是硬道理。

察言观色，在交流中判断与调整

社交中最尴尬的场面之一，大概要数"话题卡住了"。相信很多人在与陌生人第一次见面时都遇到过类似的情况：初步打招呼寒暄还算顺利，打开话题后，却聊着聊着就变得"话不投机"，一两句不着调的对话之后，场面急转直下，变成一方滔滔不绝，一方敷衍应对，渐渐双方都觉得乏味，谈话忽然就冷下来了。

其实，我们在与陌生人交谈时，如果不了解对方的脾气喜好，很容易因为一两句话引起对方不适，或者挑起对方不喜欢的话题而导致冷场。这就要求我们在说场面话时学会察言观色，通过分析对方的眼神、表情，判断谈话是否得当。只要话题转得快，谈话结果不会坏，这样随机应变的小心机，早在明清小说里就可见端倪。

清代长篇白话小说《蜃楼志》在讲述乾隆、嘉庆年间岭南商贾的故事时，就记载了这样一个店铺老板和求职伙计的小片段，让我们看到优秀的察言观色的能力是如何帮人反败为胜的。

书中写到，有一位青年初到广州，为谋求一份差事，去见一位洋行老板，他面对的难题就是如何向见多识广的洋行老板推销自己。

事务繁忙的洋行老板并没有将普普通通的青年放在眼里，双方交谈没多久，洋行老板就陷入了敷衍和沉默。

观察到对方微蹙的眉头，青年知道留给他说话的时间不多了，如果他继续当前千篇一律的叙述，不能引起洋行老板的兴趣，那他将难以获得这份工作。于是青年计上心来，赶紧转移话题道："听说您的洋行商铺人才济济，像我这样才能平庸的人，能不能为您创造价值还是未知数，所以您觉得与其冒险地给我机会，不如直接拒绝我，会更方便，是吗？"

青年忽然转移话题，让洋行老板短暂地沉默了一分钟，随后他沉思片刻问道："你对当前广州十三洋行的发展有什么想法，对自己的未来又有什么想法，能告诉我吗？"

青年急切地回答道："真是抱歉，是我刚才太冒昧了吗？您觉得我这样普通的人，还值得谈吗？"

洋行老板安慰他说："请不要客气，我希望听听你的想法。"

获得鼓励的青年知道他的机会来了，迅速结束刚才洋行老板不感兴趣的内容，转而将自己对当前广州经济之发展，洋行之前景的想法，还有自己如果能获得工作，之后未来的发展计划，一一告诉了洋行老板。在听完青年的想法后，老板立刻态度大变，并希望他能第二天就来自己的洋行工作。

这里青年反败为胜的关键，就在于懂得察言观色，知道在交流中不断调整战略，转移话题。其实生活中，不想做"冷场王"，也只需要我们学会说话"看脸色"而已。

社会"小白"在应付各种场面时，察言观色也许是较为困难的操作，但我们一定要学会判断，我们的话题有没有被"卡住"。毕竟，更多时候第一次见面的场面话，并不是为了一探究竟、寻求答案，我们更多的是需要用谈话让场面热起来。

很多时候我们谈话冷场主要是由彼此不熟悉、选错话题等因素造成的。如果你在与"新朋友"谈话时，观察到对方明显有不想说话、回答冷淡的迹象，并且觉得越来越话不投机，逐渐有冷场的趋势，那就尝试暂且丢开当前的话题。可以选择顺水推舟，回归上一个对方反馈较为热情的话题或者观点上进行延伸。

比如，如果对方是个西装革履的商务人士，不妨转而聊聊金融、股市等相关话题；如果对方刚才对你提起的教育改革表示赞同，不如顺着对方的观点，加深这一话题的讨论，通过观察对方的表情、动作，逐步分析如何接话，让场面热络起来，给对方更多跟你"志趣相投"的感觉。

中国人讲究"闻弦歌而知雅意"，强调的就是话不用说尽，懂得察言观色，读懂弦外之音，才能让你在任何场面中，全凭口才化险为夷。

谨慎说话，别让你的率真变成麻烦

诚实作为一种良好美德，在学校教育中备受推崇。然而我们听过的与诚实相对的，也并非都是谎言，适当沉默也是一种聪明的回答。

季羡林就曾说过一句著名的话："假话全不说，真话不全说。"你的诚实不必锋芒毕露，必须学会明哲保身。很多人在第一次见面时容易犯口无遮拦、交浅言深的毛病，殊不知自己不经意的一句"大实话"，会在对方心中埋下"芥蒂"的种子。所以，别让彼此不熟悉时的率真和快言快语，变成你后续沟通的麻烦。场面话需谨慎，是行走社会的重要一课。取古人经验，我们从贾诩与曹操的对话中，就能明白谨慎说话的好处。

曹操的儿子中以曹丕、曹植最为著名，因曹植文采斐然、学识过人，曹操对其青睐有加，常起废长立幼的心思，想要废除长子曹丕，改立三儿子曹植。这在当时是足以导致政局动荡、家国祸乱的大事，虽然下面的人据理力争者很多，但曹操的决心并不是谁都能轻易动摇的。

群臣无策之际，某天曹操恰遇贾诩，向贾诩问话，可一连问了几次，贾诩都一言不发，曹操不由得大怒，进而责问道："我问话，你究竟是聋了？还是要造反？"听闻曹操震怒，贾诩佯装惶恐地回答道："请主公赎罪，臣刚才正在考虑一个问题，一时失神，才没立刻作答。"

这一回答不禁勾起曹操的好奇："哦？考虑什么？"贾诩故作深沉地回答："近来多事，我不过是想到袁本初和刘景升。"听到这样的回答，曹操略一思忖，不禁转怒为喜，哈哈大笑。

原来，回忆当初灭袁绍成功，主要是因为袁绍废长立幼，导致麾下纷争不休，袁绍的几个儿子互相争斗、内耗严重，才让曹操有可乘之机。

贾诩一番谨慎的提点，不仅打消了曹操废长立幼的心思，同时也避免了自己陷入长幼之争的站队风波中，成功解决了自己"职业生涯"中的一次危机。

贾诩反对废长立幼，面对曹操的质问，用一段漂亮的场面话迂回作答，避免了直接顶撞主公的麻烦，是非常值得我们学习的。

借古观今，社交中，诚实固然是良好的品质，一些人也喜欢把"我这人就是直，爱实话实说"挂在嘴边，过于大大咧咧、实话实说，这很容易让人觉得这个人太过莽撞，尤其在第一次见面，并不太熟的情况下，快言快语很有可能变成劣势，而非优势。学会贾诩点到为止、欲说还休的场面话打法，才能不伤害别人，也避免损害自己。

王强是公司有名的"直肠子"，单是一张刚正不阿的嘴，就得罪了很多合作方。每次跟合作方对接，王强总是习惯直接指出对方的毛病，比如："你们这方案有点太普通了，策划一看就没用心。"一句话不但搞得对方尴尬，也让后续的对接困难重重。

　　其实换个角度，改为这样说会更好："我认真看了你们的方案，做得挺细致，但还少点亮点，如果能参考一下×××的风格就更好了。"

这样的场面话既顾全了对方的面子，也委婉地表达出自己的观点和意见方向，在给别人减少尴尬的同时，也保存了自身，为自己行了方便。

社交中的直言快语，虽然能给对方光明磊落的第一印象，但是抛弃客气的场面话，直来直往的说话风格也很容易导致对方恼羞成怒，酿成不可收拾的局面。

会说场面话的人，即使是耿直的话，也会选择动听的方式委婉表达。我们可以指出对方的毛病和不足，但切记不要把尖锐当耿直，把锋芒当个性。在彼此还不够熟悉时，场面话不妨谨慎一些，把容易打击人的"大实话"包裹在甜蜜善意的场面话里，让对方感知到你观点的同时，又能更乐于接受，何乐而不为呢？

选对话题，尽量打开对方的话匣子

人际交往中，总有一些不善言辞者很难做到滔滔不绝地交谈，尤其在与不熟悉的人初次见面时，冷场更是家常便饭。其实，如果你不是个场面话小能手，不能很好地让对话延续，不如把精力放在选择一个聪明的话题上，把说话的机会交给别人，尽量打开对方的话匣子。做一个专注的倾听者，有时候也会收获意想不到的社交好效果。

我的经济社会学老师就曾经在课堂上和学生们分享过一则他8岁时与一位优秀律师的谈话经历，并告诉我们，谈论别人感兴趣的话题，是尊重他人，也是获得对方好印象的诀窍。

关于这段经历，他这样讲述道："我8岁那年去姑姑家过暑假。一天晚上，姑姑家来了一位陌生的叔叔，我因为年纪小，并不知道该如何像姑姑一样愉快地和这位叔叔交谈，就只好一个人躲在一边玩儿我的轮船模型。没想到这位西装笔挺的叔叔，居然走过来蹲在我旁边，跟我讨论起轮船。他好像对轮船很感兴趣，而我恰好最近读了很多关于轮船的故事，我们相谈甚欢，度过了一次愉快的聚会。"

"这位叔叔走后，年纪尚小的我曾问姑姑：'为什么这位叔叔愿意跟我聊轮船的事儿呢？'"

"我的姑姑解释说：'因为这位叔叔是个高尚的人，他见你对轮船感兴趣，就希望多聊聊能让你开心的事儿，并且希望自己也能够成为被你欢迎的人呀！'"

可见，即使再寡言少语或者格格不入的人，在谈论到自己感兴趣的话题时都会变得能说会道、滔滔不绝。在与陌生人的沟通中，好的谈话并不需要你一刻不停地暖场、找话题，把说话的机会交给对方，无形之中就能化解你们之间沟通的屏障。

这种选对话题，打开对方话匣子的做法，在生活中也是让你跟任何人都聊得来的绝佳方法。

但是，对于有些刚刚融入陌生环境的人来说，找到合适的话题本身就是一件困难的事儿。我们可以和熟悉的人快速切入彼此具有共鸣的话题，对于一无所知的陌生人，我们的话题又从何而来呢？

其实，把陌生人变成"老朋友"，不妨从他们的自我介绍开始。初次拜会陌生人，他们的自我介绍和身边细节，都是我们挖掘话题的好线索。

一般中国式社交中，如果场上有陌生人，你们彼此共同的朋友或者中间人都会先为双方做基本介绍，比如："嘉航，这是刘传，很早就想介绍给你了，他刚从长沙到北京，做广告行业的，以后你们没准还有合作机会呢。"

从这段对话中，我们就可以提取关键词了，"长沙""广告行业""合作机会"，抓住这些有用信息，选择对方最有可能展开的，或者与其相关的，或者对方可能感兴趣、了解的事情，你们的话题自然就能很好地延续。

比如，你可以表示对长沙感兴趣，让对方谈谈长沙的风土人情，或者说说对方从事的广告行业，既然介绍人说你们"没准有机会合作"，自然是说明业务上有交集，找个话题谈论行业现状，问问对方来北京的职业规划，并适当地穿插一两句你的观点，都是容易受到对方欢迎的说话方式。

其实无论是陌生人，还是只见过一两次的"半熟"朋友，好的话题都藏在细节里。尽量从对方的衣着、名片、谈吐中挖掘对方可能感兴趣的话题，并在其中选择你最容易掌控的话题抛给对方，把说话的机会更多地留给对方。这样更容易让对方产生相见恨晚的感觉，进而更乐于和你谈话，你们的交流也自然水到渠成。

即使是不善言辞者，只要掌握这种"抛出话题"的技巧，成功打开对方的话匣子，也能在社交场面中游刃有余，并更多地获得自己想要的信息。

放下架子，开口先给人面子

俗话说："做人难，开口求人更难。"求人办事的难处，归根结底，还是放不下架子，抹不开面子。很多人在求人办事时，脸皮薄，爱"端着"，既不会说软话，又不会拿捏对方心理，自然难以成事。

其实，求人办事的关键在于放下架子，给人面子。喜欢受"吹捧"是人的天性，只要你在求人之前能够机灵地说好场面话，给对方适当的恭维，让人在与你对话的过程中获得心理上的满足，届时再顺水推舟，提出你想求人办的事，对方由于先前受了你的一通恭维，出于表现自己能力的心理，通常也会痛快地答应你的请求。

然而，吹捧的场面话也要注意拿捏分寸，并非一味地"送高帽""拉关系"，就能达到求人办事的目的。所谓放下架子，给人面子，本质上是要我们在言谈之间给对方增光，说对方的得意事，满足其虚荣心。如果求人者没能调整好自己的心态，把握个好自身位置，那好事也会坏在糟糕的场面话上。明代开国皇帝朱元璋旧友重逢的一件小事，就警醒了那些"马屁拍在马腿上"的人。

朱元璋少时贫寒，为了生计做过放牛郎，并在当时结交了一些穷朋友。后来朱元璋当上皇帝，十分怀念贫苦时一起玩乐的朋友们，希望能和这些人叙旧畅谈。

某日，一位朱元璋年少时的朋友跑到皇宫外求见，说自己是朱元璋的旧友。等朱元璋接见后，这位朋友见面就行大礼叩拜，并说："我主万岁！当年微臣随驾扫荡芦州府，打破罐州城。汤元帅在逃，拿住豆将军，红孩子当兵，多亏菜将军。"一番慷慨陈词，让朱元璋不禁回忆起当年和兄弟们南北闯荡、共谋江山的艰苦岁月，他内心激动之余，念及旧情，就封赏了这位朋友。

听到这一消息的另一位朋友，也想走"一人得道，鸡犬升天"的路子，沾朱元璋的光，得个一官半职。于是也依样求见，并且在见面后反复和朱元璋强调当年旧事，大谈道："陛下万岁！你还记得咱们一起给别人放牛的时候吗？那时候吃不上饭，咱们经常偷豆子吃，记得有一次你吃得急，连红草叶也抓进嘴里，还卡住喉咙，还是我帮你顺下去的。"

文武百官听到此人这样说，吓得大气都不敢出。朱元璋气得哭笑不得，为顾全面子，便下令把这位朋友拉出去重责。

这就是求人办事没说好场面话的典型。求人首先要审时度势，善于洞察人心。朱元璋既然已经不是当年的放牛娃，而贵为一国之君，自然是想自己的威风事迹被世人知道。这位穷朋友无视双方的差距，剃头挑子一头热的"话当年"，招来皮肉之苦也是难免。

场面话中捧人的重点，在于选什么场合，捧什么人物，说什么话。见风使舵，因人而异，表达出自己很看重与对方昔日的交情，才能为接下来的事铺路。

失业中的李磊想求朋友帮忙介绍一份工作，来到朋友家做客时，看到客厅挂着的油画，不由得赞叹："你这油画画得不错啊！当年咱俩同桌时我就觉得你有画画的天赋，记得学校比赛你还得过奖吧？要我说，你就算不开公司，以后当个画家，开个画展，也是一把好手。"

李磊简单的几句话，既点出了彼此的同学情谊，表明自己对对方的欣赏，又给足了对方面子，在对方事业以外的特长上使劲儿夸奖，让同学心里的满足和骄傲感翻倍。李磊在后续谈话中请求帮忙找工作的事，自然水到渠成。

生活中我们求人办事，要想让对方感受到彼此亲近，觉得自己的面子受到照顾，就一定要学会谦虚说话，见机行事，刚柔并济。借环境中的摆件夸对方品位，借孩子的优秀夸家长教导有方，都是不错的切入点。你先给足对方面子，让对方因你的话而高兴，何愁所求之事不成呢。

把握人心，夸人夸到"点子"上

说到求人办事，很多人就会联想到小说、影视作品中溜须拍马、阿谀奉承的反派形象，认为那些奉承之言令人讨厌。尤其今天的年轻人，自有一身傲骨，工作中连老板都不屑于奉承，更别说求人办事讲好话。

其实，这是一部分人对求人办事场面话的误解。求人办事时的奉承，并不是颠倒黑白、指鹿为马的博人欢心，而是钻研人心、巧妙捧人的说话技巧。求人不必"下跪"，只要把握对方心理，根据实际情况夸人夸到点子上，让对方从心理上感受到彼此的距离被拉近，那么把事办好就不再是难事。

小说《京华烟云》中有很多对主人公姚木兰谈话处事的描写，都值得我们借鉴。其中有这样一段，写主人公姚木兰为了营救好友孔立夫和妹妹的丈夫，只身犯险，前往军阀府邸说理。

早前姚木兰就听说军阀跋扈，已经有别人的妻子过去讲理，却反被侮辱的先例。聪明的姚木兰经过一番思索，想好要说什么后就来到军阀府邸。

到达后，姚木兰先说明自己的来意，又迅速镇定下来，讲述友人和妹夫被抓并非真的犯罪，而是因为仇家陷害。随后姚木兰表示，自己敢于前来找司令，就是因为相信像司令这样的大英雄，是不会像传闻中那些军阀一样侮辱别人妻子的，她相信像司令这样的人物一定会明辨是非，帮百姓沉冤得雪，不会让无辜的人受罪。

姚木兰一番话适时夸奖到这位司令的心里。本来还心怀不轨的司令，被姚木兰一番"英雄"言论捧得心花怒放，最后不但没有为难姚木兰，还答应她的请求，释放了她的亲友。

由此可见，无论是身居高位的达官显贵，还是普通百姓，人人都希望受到吹捧。求人办事时，你高看他的这一眼，就像给对方心里加冠卫冕，让对方对你求助的事产生一种责任感，能帮你办成事，对方也会觉得面上有光。

求人办事不是简单的奉承拍马，要想不卑不亢地把话说好，把事办成，就要求我们以事实为依据，钻营人心，恰到好处地说出对方心里最想听、最受用的话。突出对方身上的特色，紧盯对方最得意的点来夸赞，为自己后续想要提出的要求进行合理铺垫。这时候，对方被你夸得满心欢喜，拒绝的话自然难以说出口。

　　王艳是一名艺术课销售顾问，无论她遇到什么样的顾客，都能把合适的课程推荐出去，她业务量好的秘诀，就在于懂得把握顾客心理，在语言攻势下，让顾客觉得课程有用，一定要报名。

　　王艳知道选择上门咨询艺术类课程的顾客，都是经济条件尚可，希望通过艺术课程，对自己音、体、形、美等各方面有一个提升的。抓住顾客向往艺术、对自己素质有所期待的心理，王艳遇到咨询舞蹈课程的顾客，就会说："看您身形真好，您以前就练过舞蹈吧？舞蹈学习贵在坚持，您这样的身形和气质，不练可就浪费了。"遇到咨询美术课的顾客，就说："看这孩子的衣着打扮，就知道妈妈有艺术气质，会给孩子穿。学习美术也是培养孩子的艺术气质，孩子在您这样的家庭氛围熏陶下，再接受专业的训练，以后肯定能不错。"

类似这样的夸奖，成功说到了顾客心坎儿里，一箭双雕地既奉承了妈妈又夸奖了孩子，家长心里受用，自然容易被说服。

　　适当奉承能让人获得心理上的满足。但是我们也不必堆砌华丽的辞藻，做出谄媚的嘴脸来奉承，而是需要找对吹捧的角度，分析对方想听什么。用对方身上的闪光点和他得意的事做话题，依据事实进行发散，让对方在听你说话高兴的同时，还能感觉到你言语的真诚。这样聪明的场面话，一句抵十句，自然更容易让对方心甘情愿地答应你的要求。

情义当先，求人办事别说成生意

人是"群居生物"，不能孤立地存在于社会中。在中国这样典型的人情社会中，我们周围有亲朋好友，有同学、同事，这些人共同组成了我们身边千丝万缕的交际网，让我们获得欢乐、成长、帮助。

俗话说："在家靠父母，出门靠朋友。"我们都有向亲朋好友寻求帮助的时候，人脉关系是我们社会生活的立足之基，正是这些亲朋好友之间的情义，让我们"行走江湖"时有了底气。然而，帮助是互相的，即使有情有义，我们求人帮忙时也要斟酌说辞，让对方觉得因为你们关系够硬，才想帮你，而并非为了功利化的交情。

试想一下，一个多年没联系的老同学忽然联系你，打来电话就直接说："我这有个项目想找人合作，咱俩这么多年的同学，你看投资一笔入股呗？"恐怕你心里记起的并不是同学情义，反而会对这位"现用现交"的老同学十分反感吧？

求人办事以情动人，这场面上的情义话绝不能现用现说，而要养成"储蓄"的习惯，在日常中逐渐渗透。就像黄佐临导演的女儿黄蜀芹，她能获得钱锺书先生亲自授权开拍电视剧《围城》，就多亏了当年自己父亲结的善缘。

当年钱锺书先生困居上海时期，生活十分窘迫。单凭学术稿费难以维持生计，就连其夫人杨绛先生也要"卷袖围裙为口忙"。而钱锺书先生当时写的小说《围城》，因为难以配合商业写作要求的速度，也不能贴补多少家用。这个时候，黄佐临导演拍摄了杨绛先生的作品《称心如意》和《弄假成真》，且很仗义地及时支付了酬金，才帮助钱锺书先生一家渡过难关。

多年之后，当黄蜀芹准备拍摄《围城》，希望获得钱锺书先生授权时，她并没有跟钱锺书先生谈拍摄电视剧的商业价值和片酬等事宜，而是怀揣着父亲的亲笔信，找到钱锺书先生，以情动人，与先生聊当年黄佐临仗义相助之事。这样的情义让钱锺书先生多年之后难以忘怀，才亲允独家授权。

其实很多场面话都不能事到临头才去说。要想别人能够帮助你，在平时就要学会用谈话和行动"储蓄"人情债，让别人觉得你是个乐善好施、有情有义的人，这样到真正有事相求的时候，才能让对方觉得你是个值得帮助的人。

中国有句老话，"无事不登三宝殿"，这就是典型的平时人情功夫不到家。现实生活中，犯这样"用人朝前，不用人朝后"错误的人比比皆是。

小王在朋友圈中十分不受待见，大家都知道如果他主动打电话给谁，那准是有事相求了。曾经有朋友打小王电话，想叫他出来参加聚会，电话打通后，朋友抱怨："你真是难请，怎么每次叫你参加聚会，你都不来，也不跟我们联系。"

小王无所谓地说："反正也没啥事，有什么可联系的。"

一句话让朋友下不来台，只得勉强客气几句就挂断了电话。

几天后，小王主动给这位朋友打电话，说自己最近代理了一个产品，想让朋友帮着分销，还能给对方一些"提成"。虽然能够获得好处，但朋友还是委婉地拒绝了小王。因为小王功利心强、不值得交的印象，在以往的联系中就已经深入朋友内心，自然不想帮他办事。

都说人生如戏，全靠演技，但是演技不在台前几分钟，而在台后天长日久的点滴铺垫、查漏补缺。

如果想在求人办事时顺风顺水，我们平时就要注意多与亲朋好友、工作搭档们"走动走动"。有空聊聊彼此的生活近况，对方遇到困难多支招安慰。对方生活中的任何关键时刻，你的情义言辞都不能缺席，这样等你想求对方办事时，才能打好感情牌，不把求助说成生意，而让对方义不容辞地出手相助。

巧妙示弱，激发对方同情心

情商高的人在求人办事说场面话时，从来不会单刀直入表达自己的请求。相反，他们经常会先顾左右而言他，适当地说一说自己的困境和不容易，用随和的语言和一筹莫展的态度，让对方产生共鸣，获取对方的同情，等对方被事先铺垫的语言所打动后，再委婉提出自己的请求。

这样的说话方式就是利用了人的恻隐之心，只要能够巧妙地抓住这种恻隐之心，赢得他人的理解和同情，你所求的事情自然容易达成。但事实上，很多人想要求人帮忙的时候，言谈间都会错误地示弱，只注重渲染自己"弱"的部分，而忽略了场面话中如何勾起对方的同情心，给人以"道德绑架"的错觉。

其实，求人办事时的言语示弱，到底是激发对方的同情心，还是让对方反感，关键在于你示弱的场面话是否站在对方的立场上来说。

近几年，很多小型企业和工厂都受到疫情的影响，经济效益不容乐观。张兴作为一家小型服装厂的老板，在与进货客户洽谈时，总要费尽唇舌避免对方杀价，好为自己的工厂多争取一些利润。

在遇到一些前来合作的杀价高手时，张兴就会这样和对方说："最近疫情影响，很多原材料和运输费用都在上涨，像我们这样开工厂的很难做啊。行业里一些人为了压缩成本，材料使用上都没有原来的精细了。虽然我这儿是家小工厂，但是特别看重质量。为了现在这批衣服，这样的炎热夏日，厂里工人汗流浃背，也还在努力赶工，更是对服装质量丝毫不敢怠慢。好不容易做出来的成品，按照现在正常利润算，应该是每件××元承购。你在我这儿进的衣服，质量绝对高于现在市面上的平均水平，现在这种市场环境，衣服品质好，你赚口碑，卖起来回头客也多嘛。"

客户听到张兴这样诚恳的言语，一般也就不会再杀价，便确定订单，达成愉快的合作。

为什么同样是示弱求人地谈合作，张兴更容易被客户接受呢？其实，这就在于他说话真诚，且能够站在对方的角度，言语间巧妙地激发了对方的同情心。

张兴先强调当前疫情大环境下材料、运输等费用上涨，这是客观环境下双方都在面对的现实，表达自己经营工厂不容易的同时，更容易获得对方的理解和认同，并产生共鸣。随后，谈起其他工厂质量下滑的问题，则是为后面标榜自己工厂高质量埋下伏笔。而强调工厂工人夏天作业的辛苦，虽然是博同情，却并不让人反感。最后给出正常定价，暗示对方没有讨价还价的余地，又点明在这场交易中，对方获得高质量的货品，也是在市场低迷环境下给自己赚口碑。

像张兴这样的示弱、哭穷式场面话，是站在对方获益的角度进行分析的，且示弱的重点是从双方都身处其中的低迷市场环境出发，在激发对方同理心的同时，通过煽情说理获得对方的认同，进而快速达成共识，达到自己的目的。

求人办事时，示弱激发对方同情心的场面话，经常会收到意想不到的奇效，尤其对情感丰富、心肠柔软的人，更容易打动对方感情，进而达到自己的目的。但是任何类型求人的说辞都不是放诸四海而皆准，如果你遇到的是态度傲慢、铁石心肠的人，这种求人方式就不太适用了。所以，在示弱说软话时，首先要摸准你的"对手"，看对方是不是吃这套的人。

只要你因人制宜地站在对方立场，用不同的说话态度表达出你的亲切随和，在示弱的同时动情入理，用双方有共鸣的点成功打动对方的情感，达成要求并不难。甚至偶尔遇到善良的人，对方还会因为你的说辞更主动地对你施以援手。

请将出马，激将之言少不了

人际交往中，我们能遇到形形色色的人，总有一些人属于"软硬不吃"的类型，求这种人办事特别难。这时候你无论采用奉承吹捧的方式，还是好言服软的方式，对方都会反复拒绝，毫不动容。

其实，越是这样难请动的人，往往越有真本事。他们也知道自己"奇货可居"，不想轻易消耗自己的资源为你所用。请将出马，激将之言少不了。如果你想请动身边这种能力卓越，却不肯轻易伸出援手的"大神"，不妨在与对方谈话时巧用激将法。先激起对方的感情冲动，为你所求之事铺好路，再"请君入瓮"，让对方主动答应来帮你。

长篇历史演义小说《三国演义》中，就有这样一段诸葛亮利用激将法，"求"孙权联刘抗曹的故事。在与孙权的谈话对局中，诸葛亮对激将之言的运用，让人拍手称绝。

公元208年，刘备兵败逃到樊口，这样势单力薄的时候，抵抗曹操已经希望渺茫，除非联合盘踞江东的孙权，借对方的实力共同抗曹。在此危急存亡之际，诸葛亮自荐去江东做说客，说服孙权联蜀抗曹。

鲁肃引诸葛亮见孙权后，本以为诸葛亮会说些软话，或以利相诱，邀孙权联合，没想到诸葛亮说的话却是处处刺激孙权。他见到孙权，先说了这样一番话："当前天下大乱，局势不明，将军您盘踞江东，刘备集结江南，共同的目的都是想跟曹操一较长短，争得天下。但当前曹军足智多谋、能征善战的兵将不下千人，最近几次战役已有所向披靡之势。曹操早有吞并江东的想法，官渡之战胜利后，再破荆州，天下英雄难以与之抗衡，将军您也需量力而行了。如果您觉得吴、蜀联合可以与曹操抗衡，不如当机立断，与其绝交；如果您觉得没有与曹军抗衡的能力，还不如俯首称臣算了。"

孙权听到诸葛亮这番说辞，当场勃然大怒，步入后堂。引诸葛亮前来的鲁肃也对诸葛亮蔑视、激怒孙权的言辞十分不满。但诸葛亮却胸有成竹地说："我有攻破曹军的良策，你不问我，我岂能说？"于是鲁肃赶紧追回孙权，告诉孙权诸葛亮的话。待孙权回来，诸葛亮又侃侃而谈，以齐国壮士田横的事迹为引，说明刘备为汉室后裔，势必坚守道义，抗曹到底。而年轻的孙权自视甚高，坐拥吴国十万大军的他，被诸葛亮的语言攻势引导，自然心中也不想投降曹操。一番对谈下来，在诸葛亮对曹操弱点、联蜀抗曹优势等情况的分析下，孙权终于下定决心，联合刘备，这次谈话也拉开了赤壁之战的序幕。

求人办事时，激将的场面话可以用于朋友、盟友、同事等很多交际对象身上。激将之言本质是对症下药，通过激发对方的自尊感、愤怒感、羞耻感、嫉妒心、要强心等，让对方在情绪激动或争强好胜的心态下答应你的请求。

比如，在办公室寻求同事帮助时，对待一些平时不那么乐于助人的技术"大神"，礼貌地说软话，请求对方帮你做一些事，远没有激一激对方有用。在与这类不好求的人对话时，不妨把"×××，麻烦你能不能帮我改一下这个设计图？"这样的话，改成"×××，你帮我看看这张图怎么改好？小王说领导那儿一定不过稿，我跟他打赌，就没有你指导还过不了的设计图！"

这样刺激一下对方，让对方觉得你既信任他，又认可他的技术，他只有完成你的请求，才能证明自己的能力。原本是你求他的事情，转而变成是他主动要做。这样既达成了你求人办事的目的，又让对方感觉到被看重、被信任，可谓一举两得。

所以，求人办事不必一味地服软奉承，不如把握对方心理，因人而异，采取激将法，也许会收获意想不到的效果，让别人变被动为主动，帮你把事办好。

权衡利弊，分析双方得失

在人际交往中，我们会遇到形形色色的人，有人感性，有人理性。求人办事时，如果不能把握对方的脾气秉性，就很难说服对方。所以，社交高手在求人办事的场面中往往会"双管齐下"，既和对方讲感情，又和对方谈利益。感情当作"敲门砖"，利益得失当作"杀手锏"，让对方在精神情感和物质资源上获得双重的满足，这样求人办事，才能进退自如，求仁得仁。

《触龙说赵太后》是很多人上学时学习过的文言文，这篇文章讲述的是触龙说服赵太后送长安君去齐国做人质的故事，该故事就说明了在有求于人时，除了以情动人之外，还要权衡利弊、分析得失。

春秋战国时期，赵惠文王薨逝后，赵国出现乱局，秦国准备大举进攻赵国。当时摄政的赵太后不得已向齐国求助，而齐国要求赵太后送儿子长安君到齐国做人质，才肯出兵帮忙。

赵太后十分疼爱小儿子长安君，不舍得送儿子做人质，即使大臣们纷纷谏言，赵太后也一概不听。

这日左师触龙来见赵太后，他先寒暄说："我年老体衰，好久没来见太后您了，今天特意来问候一下您是否安康。"赵太后见触龙来问安，就顺便和他聊起了家常。触龙在言谈间表示自己很疼爱自己的小儿子，希望太后帮自己的儿子安排个好职位。三言两语，两人在疼爱小儿子的话题上就产生了共鸣。

顺着赵太后的心情和正在聊的话题，触龙说："父母疼爱自己的孩子，就会为他们做长远的考虑。您当初送燕后出嫁，虽然拉着她哭诉，惦记她嫁到远方，但后来在祭祀的时候，仍然为她祝告，说希望她千万别回来，这就是在为她做长远打算吗？"

"父母之爱子，则为之计深远"的说法打动了赵太后，在后来的谈话中，触龙虽然没有提起送长安君做人质的事，但是却由燕后出嫁，以及为自己的小儿子谋职位的事聊起。触龙提醒赵太后，赵国建立后被君主封侯的人，在三代以后很多人的子孙都无法享受祖先荫蔽，就是因为这些人的子孙没有功勋战绩。如今太后虽然能给长安君沃土珍宝，但长安君享厚禄却没有功绩，绝非长久之计。等到太后百年后，长安君将无所依托，这不是真正爱孩子的表现。只有让长安君趁现在为国立功，才是"爱子则为之计深远"的做法。触龙在闲聊家常、拉近情感的同时，给太后分析了个中道理，赵太后权衡一番，最终同意了送长安君去齐国做人质。

可见我们有求于人时，不仅需要打感情牌，还要从理性的角度分析得失利害，动之以情、晓之以理，更能营造出一种令对方无法拒绝的局面，巧妙地达到谈话的目的。

现实生活中，我们求人办事也一样，如果你所求之事是能够双赢的，并且在场面话中你能让对方明白他帮助你之后的获益，自然能更好地打动对方。

求人办事的场面话中，投其所好、避其所忌，在迎合对方的心理的同时，诱之以利，用感情和利益两张牌同时进攻，对方答应帮你做事后，也必然会更加诚心诚意、尽力而为。

一家宾馆的老板为了方便住客停车，想扩建门口的停车场，但是宾馆门口的一片土地归旁边的饭店所有，饭店老板不想因为扩建停车场而影响自家生意。为了顺利扩建停车场，宾馆老板找到了饭店老板，这样请求道："你的顾虑我能理解，咱们现在生意都不好做，停车场施工确实会影响你的生意，但你我两家店所在的位置平时就停车难，一些顾客常因为停车问题抱怨，甚至不来这边消费。如果能扩建停车场，方便顾客停车，顾客住宾馆势必要在附近解决三餐问题，你的饭店这么近，必然是首选，也是为你的饭店引流。"

听了这番分析，饭店老板欣然同意停车场扩建的事情。

人际交往中，我们求人办事做场面说话，也是个权衡利弊的过程。场面话的作用就是打消各方顾虑，让所求之事尽善尽美，让所有人都满意。不必一味求情奉承，也不需要完全利益相迫。只要你把握对方心理，把场面话说得入情入理，那么感性的人会被打动，理性的人会被说服，最后出手帮你，也是在情理之中。

莫忘恩情，让人情在感谢中延续

中国礼仪文化中十分注重情义，自古就有"滴水之恩，涌泉相报"的说法。获得别人的帮助，要心存感恩，学会投桃报李，这样才能让双方的感情在互动中得到延续。

然而在当前快节奏的社交中，一些目光短浅的人却常有"薄情寡义"的坏习惯。求人办事的时候吹捧奉承，事成之后立刻把对方的恩情和自己说过的话忘得一干二净。甚至有些人因为别人没有帮他办成事，四处抹黑责怪对方。这样的说话行事势必会让人敬而远之，在人际交往中也容易被人诟病。天长日久，这样的人在人际交往中的"口碑"没了，再想求人办事，更是难上加难。

人们常说"风水轮流转"，这句话也同样适用于人际交往，谁都难说在何时何地会需要谁的帮助。所以，为了在社会的摸爬滚打中少吃闭门羹，我们在求人办事时，无论所求之事成与不成，都要记得"买卖不成情义在"，不要忘记对帮助过你的人进行感谢。

在场面上做足，谢意到了，才能让双方的感情延续下去。这样做对我们拓展人脉关系，建立良好社交口碑，也是极有助益的。

吴迪毕业后找工作屡屡碰壁，父母为了他工作的事情操碎了心。后来听说一位远房亲戚着深厚的人脉资源，帮吴迪推荐工作不是什么难事。于是吴迪和父母三天两头就跑到这个亲戚家送礼说好话，软磨硬泡之下，吴迪终于在这位亲戚的推荐下进了一家企业，并获得了一个不错的工作岗位。

顺利入职后，吴迪一家觉得对方本来就是个远房亲戚，没必要多走动，所以他们再也没去看过这位亲戚，甚至逢年过节连个问候的电话都没有。这个亲戚对吴迪一家人不念恩情的冷漠做法十分寒心，于是经常向其他亲戚朋友抱怨，导致吴迪一家在亲朋好友中落了个忘恩负义的名声，后来再求人办事十分困难。

有时候亲戚朋友帮我们，并不是寻求我们回报，而是因为感情的联系。你一句"谢谢"，不仅能让对方暖心，还能巩固你们之间的关系。

相比于吴迪一家人用完人就抛弃的短视做法，下面这个例子就为我们示范了如何在求人办事中不断加深彼此的联系，获得越来越深厚、牢固的人脉关系。

某次过年前，许凡买不到回家的车票，于是求助在火车站工作的朋友帮忙抢车票。因为当时车票实在紧张，朋友线上线下忙乎了一通，也没能帮许凡买到票。面对朋友的歉意，许凡笑着说："辛苦你了！春运的票确实难买，也怪我自己准备晚了，还让你跟着忙前忙后的。"

虽然朋友没有帮忙买到票，但许凡还是真心实意地向对方表达了感激，逢年过节不忘给朋友打个电话，还拿这件事夸朋友仗义，有事儿真帮忙。

第二年春运期间，这位朋友惦记着许凡，提前很久就主动问他需不需要帮忙买票，两个人因为抢票帮忙的事，关系也比过去更亲近了。

社交中，我们都喜欢懂礼数、知感恩的人，所以求人办事千万别忘了在事后表达感谢。无论事情办没办成，你都可以在事后通过电话、微信、请吃饭闲谈等方式把感谢传达给对方。场面话上，注意多提对方帮你的辛苦，多讲自己真诚的感谢，这样不仅能体现你进退有度、知恩感恩，也能让帮过你的人感受到被尊重。你的每句感谢既是你们之间人情往来的延续，也是对对方帮助你的鼓励。这样不忘恩情的好口碑在你的社交网中传开，你的人脉自然会越来越广。

第五章

面试谈出高薪资，用场面话抓住对方心理

国学经典《鬼谷子》中写道："故无目者不可示以五色，无耳者不可告以五音。"意思是没必要给失明者看五色，没必要给失聪者听五音。换成今天的话，其实就是强调"见什么人说什么话，到什么山头唱什么歌"。

面试也如"拜山头"，需察言观色，见风使舵。言谈进退有度做场面，说出面试官爱听的话，赢得面试好感度，才能为高薪高职铺好路。

拒绝千篇一律的无效介绍

面试是很多人步入社会后面对的第一场口才考验，但是参加面试的一部分人，难免有"怀才不遇"的郁闷，明明自己学历、能力样样优秀，为什么不能给面试官留下好印象，不能获得心仪的职位呢？

这多半是因为，这些人在面试时没说好场面话，千篇一律的自我介绍和求职陈述甚至不能让面试官留下一点儿印象，又何谈一试录取，高职高薪呢？

面试和商业广告相似，目的都是在呈现、陈述中将目标产品推销出去，而面试场合中的产品就是应聘者自己。

奥美前首席文案林桂枝女士曾在其著作《秒赞》中提到这样一个观点：文案必须对终极媒体，也就是人的心理有更深的理解。要抓住人心的关注点，用文字吸引对方的目光，让人有眼前一亮的感觉，看到的一瞬间就想给你"秒赞"，这样才算成功的文案。

同样的道理，在面试这场自我推销中，你和面试官的交谈能否用场面话抓住对方的内心需求点，有效地表现自己的优点，让对方想在心里给你"秒赞"，是面试成功的关键。而在这一谈话过程中，"王婆卖瓜"式夺目的口才和面试场面中得体谈话的分寸感缺一不可。即使是李白这样才情冠绝千古的大诗人，在求职场面话的把握上，也有才华有余、分寸不足的时候。以古鉴今，李白的故事能作为我们今天面试场面话的警示。

在唐朝那个大放异彩的时代，李白还并不是今天我们熟知的"诗仙"，而只是个虽有才名，却因身份家世等原因难入仕途的郁郁不得志的诗人。恃才傲物的李白为了自己当官的梦想，曾多次给权贵写自荐信，希望能获得一官半职。某次李白给当朝权贵韩荆州的一封自荐信中这样写道：世间精英都说就算不能封为万户侯，也要结交韩荆州您。他们夸赞您是当代周公，可以一句话改变英才们的命运。我知道一定有很多有才能的人也给您写过自荐信，但我敢说我一定比您过去见过的那些人都有才。希望您能备好酒菜接见我，让我展示才华，并让之前那些自诩有才的人来誊写我的诗文。世人都说您在评判人才方面最权威，既然您这么厉害，那就给我一个机会。我会是千里马，您就是伯乐。我这样的人被埋没了，那是因为之前没遇到您，现在遇到您了，我大放异彩的时候也就到了。

李白酣畅淋漓地展示了自己的才华，但是这封自荐信却石沉大海，没有得到韩荆州的回复。因为韩荆州在看到这样文采斐然的信时，即使第一印象觉得此人有才，令人眼前一亮，但也会被其狂傲的言论抹杀掉好印象。

我们今天在参加面试时也是如此，能够打动人心的自我介绍是第一要素，而同样重要的是，在打破千篇一律的自我介绍的同时，还要谈吐得体有分寸，给面试官留下好感，这样他们才会产生与你成为同事的想法，你才有机会成为公司的一员。

遵循这样的标准，我们在面试的自我介绍中，不妨这样有效凸显自己的求职优势。

首先，简历上已经写的内容不必重复，减少复述时间，给自己谈论优点留更多余地。可以用类似下面这样的场面话，引入对自己职位优势的陈述：

"您好，我的基本情况就是简历上写的那样，相信您也有所了解了，我来应聘这个职位，主要是因为曾经做过×××。"

用场面话将面试官的注意力从你的基本信息直接转移到职位优势上，并突出谈论自己引以为豪的项目、典型的职业经历，能够快速让面试官聚焦在你和所应聘职位的匹配度上。

其次，面试场面话的分寸感并不是让你谦虚低调地谈论自己的优点，而是可以从实际"战绩"出发，在谈话中多角度复述你的优点和成绩。面试官每天要面对很多求职者信息，一些浮皮潦草的介绍很可能被面试官遗忘。为了让自己区别于其他求职者，可以先初步介绍自己的优点，在接下来的谈话中再用具体事例佐证。

"我曾经一晚上修改好50页PPT"这种具体战绩，一定比"我擅长做PPT"更容易给对方留下印象。

总之，如果在面试时能够运用好以上技巧，相信面试官一定会对你印象深刻，面试成功的概率自然也会翻倍。

表里如一，让你的话更可信

如今的社会招聘中，有"工作经验"已经成为很多企业筛选人才的硬性指标。出于效益考虑，很多企业并不想招完全没有经验的新人，因为培养人才需要耗费更多时间和精力。因此，"有经验"就变成了很多毕业生求职时的敲门砖，这便导致一些没有经验的职场新人在写简历和面试谈话中，经常会给自己编造一些虚假的工作经历。

职场江湖，摸爬滚打过的人大多都是火眼金睛，所谓"行家一出手，就知有没有"，面试谈话中编造的工作经验，即使能帮你顺利入职，在实习期也会露出马脚，很容易在工作中被人拆穿，从而给人留下你说大话、说谎话的坏印象。

那么会有朋友问了，既然面试不能说大话、说谎话冒充有经验，要想获得面试官的青睐，岂不是陷入"鸡生蛋还是蛋生鸡"的困局？求职不成，何来经验？

没有经验的应届毕业生如何打动面试官呢？

其实，有时候实话实说、表里如一，反而更能给面试官留下好印象。企业希望应聘者有经验，也是从能力、眼界、能否胜任工作等角度考虑的。只要你在面试谈话中能够展现出没经验不是你的短板，让面试官忽略你的经验，而关注你作为新人的其他优点，信任你能胜任工作，那经验就不再是面试的门槛。

何露露是生物化学专业的毕业生。但是她并不想从事与生物化学相关的实验室工作，于是毕业后，她准备应聘其他行业。

文笔优秀又善于社交的何露露，在大学时期就有很多学校社团活动策划、文艺汇演组织、校园公众号运营等方面的经验，她十分想从事与传媒相关的工作。临近毕业，她在投递简历时看到一家传媒公司正在招聘新媒体相关工作人员，但标明需要一年的工作经验，何露露投递了简历，想去试一试。

面试时，面试官看过何露露的简历后表示："我们需要有工作经验的，看你简历上写自己是生物化学专业的，为什么想应聘新媒体工作呢？你认为在这方面你有什么优势？"

何露露诚实地回答："我知道自己没有相关的工作经验，可能不符合你们的招聘要求。但是我对新媒体工作很感兴趣，性格也适合媒体相关工作，并且我在学校期间一直在自学研究新媒体运营、摄影剪辑、文案写作等。我相信只要给我机会，我一定能做好的。而且，所有的新人都是从没经验开始的，如果今天您能录用我，一年之后，我会成为一名有经验、能为公司交出满意答卷的合格媒体人。"

听完何露露一番真诚的说辞，同时查看了她在简历中列举的在校期间完成的作品，面试官录取了她。三个月试用期中，何露露抱着空杯心态认真学习，果然进步很快，让当初招她进来的面试官都刮目相看。

面试成功仅仅是进入职场的开始，未来我们将面对更多的工作问题。所以与其在面试时装相、说大话、说谎话，不如表里如一，用实话赢得信任，用实干赢得口碑，让面试时的好印象成为你以后职场进阶的序幕。

没有经验或许是很多职场新人的短板，但是你在面试官那里表里如一的诚恳回答，也有可能是打动面试官的金钥匙。在自我介绍中表达你对工作的热爱；在专业问答中展现出你虽然没有经验，却有专业而扎实的知识基础；在陈述职业规划时，谈谈你对成功的渴望，展现你求知好学的一面，同时拿出你曾经的实绩来佐证你的话，让你的陈述更可信。相信任何一家优秀的企业都不想错过你这样一位"种子选手"。

花式褒扬，助你顺利通过面试

在心理学研究中有"社交商"这一概念，主要是指一个人对他人情绪进行识别和管理，且能够与他人和谐相处的能力。社交商是情商的重要组成部分，也是一个人在与他人的相处中获得更多认可的关键因素。如果你想成为一名成功的领导者，高明的社交能力必不可少。对于普通的基层人员来说，培养社交商也能让你在职场人际交往中如鱼得水。

很多职场基层人员在面试时都会面临此类困境：虽然获得了面试资格，但谈话过程中，面试官似乎对自己的履历、能力都并不是很满意，言谈间态度冷淡，而你又限于经验不足等原因，没办法用"硬核"实力打动面试官。

这样的情况下，不妨试着说一些给面试官"戴高帽"的场面话。人人都爱"高帽子"，一句打动人心的好话，或许就能让面试官对你的印象迅速转弯，助你获得心仪职位。像这样为他人"戴高帽"的场面话之道，我们不妨借鉴古人的智慧，学学清朝才子袁枚，或许对我们的职场面试也能有所启发。

　　写过《子不语》《随园诗话》等著作的清朝才子袁枚，十分精通处世说话之道，并且在给别人"戴高帽"上尤为擅长。当时袁枚被任命为地方县令，赴任前特意去拜别自己的老师尹文瑞。

　　尹文瑞十分喜欢袁枚这个学生，考虑到他年纪轻轻就得到朝廷重用，怕他仕途多艰，于是就嘱咐道："你此次赴任，在路上要谨言慎行。不知你为此次去做县令做了哪些准备啊？"

　　袁枚立刻回答："感谢您为我费心，这次我准备好了一百顶'高帽子'，其他倒是没什么了。"

　　尹文瑞作为当时学识渊博的大儒，不仅曾经是乾隆时期的名臣，且自身德行操守被世人称赞，听到袁枚这样回答，十分不悦，批评道："庸俗！你这年轻人，怎么能搞溜须拍马这一套？"

　　袁枚毕恭毕敬地回答："现在人人都喜欢戴'高帽子'，我这也是顺势而为。说句实在话，当世有几个像老师您这样德才兼备、操守一流，不喜欢别人送'高帽子'的人呢？"

　　听了袁枚这一席话，尹文瑞霎时转怒为喜，认为他说的也有道理。看着老师的态度转变，袁枚不禁感慨，看来准备"高帽子"没错，这不就已经给老师送出去一顶了吗？

　　像这样在场面话里给人"戴高帽"，用花式褒扬之词笼络人心，其实质是通过看似不经意的恭维，消除我们与他人相左的意见和矛盾争端。在面试过程中，我们都难免遇到面试官与自己看法不同或对自己印象不良的情况，这时候我们就需要送对方一顶"高帽子"了。

比如，面试时毕业生小王就曾被面试官问过"你是否能够接受加班呢？"和很多年轻人一样，小王并不认同加班的企业文化，但如果直言表示不接受加班，又容易让对方产生不能吃苦、缺少责任感等不良印象。于是小王这样回答说："我觉得是否加班，主要和工作能力有关，像面试官您这样工作能力强，又经验丰富的人，想必日常工作中是不用加班的。但作为新人，我要学习和提升的空间有很多，还得向您这样的前辈学习经验，必要时配合工作，我觉得是一种责任，这没什么可犹豫的。"

一番场面话中，小王没有用"是"或者"否"来直接回答面试官的问题，避免了谈话中的直接冲突，反而聪明地给面试官戴了顶"高帽子"，夸奖对方工作能力强、职场经验丰富，随后又谦虚地表示，如果对方肯让自己"学习经验"，那么自己一定配合，并表示出坚定的责任感。

寥寥数语，既委婉地表示自己不认同无效的加班，又让面试官有心花怒放的满足感，这样的好印象自然能为谋得好职位加分。

喜欢"戴高帽"是人之常情，如果遇到面试忌讳的话题，或者想避免谈话冲撞，不如迂回作战，在场面话里隐晦地夸赞对方，或许能转败为胜，开辟新路。

扬长避短，让你的优点更耀眼

"能谈谈你的缺点吗？"这是很多应聘者在面试时都曾被问过的问题。虽然人人都希望在面试谈话中展现自己的优点，但从招聘企业的角度考虑，对方也一定想了解你的"短板"，提前在面试环节就做到规避风险，减少招到不合适人员的概率。毕竟人无完人，只有应聘者的缺点在公司可包容的范围内，入职以后才能更顺利地工作。

但总是有人在面试中被问到缺点时略显狼狈。一来不能夸口自己没有缺点，否则会给面试官不诚实、狂妄自大的坏印象；二来也不能过于真实地暴露自己的缺点，否则会让面试官心存顾虑，可谓搬起石头砸自己的脚，获得工作的机会、谈薪酬的筹码都会大大降低。

其实，倒也不必如此左右两难。面试对答中，如果被问到这样的问题，只要你能在谈话中有技巧地扬长避短，明说缺点、实谈优点，在说真话的同时找到一个平衡点，让对方即使听到的是缺点，却能把更多关注放在优点上，那自然就能削弱缺点的负面影响，且依然能让对方感觉你的言谈诚恳、朴实。

在扬长避短的谈话智慧方面，武侠小说泰斗金庸先生就有自己的诀窍，这样进退有度、温和诚恳的说话方式也帮金庸先生结交了不少朋友，解决了很多困难。

1965年，金庸先生写社论笔战《大公报》，又写武侠小说苦苦支撑《明报》，正处于忙碌之际。恰逢5月他又应邀去伦敦参加国际新闻协会会议，于是小说《天龙八部》的连载就成了问题。金庸立刻想到以文会友而结交的倪匡先生，希望对方能够帮忙代写。

但是金庸有两个顾虑，一来以前倪匡曾拒绝过新加坡方面续写《倚天屠龙记》的邀请，并说"金庸认为我可以续写他的小说，我真是太高兴了。但是我认为这世上还没有人能续写金庸的书"，金庸担心倪匡这次也不愿意代笔。二来金庸觉得倪匡的文字风格和自己有一些区别，对方的文字跌宕有余、简练稍逊，如果倪匡同意帮忙代笔，还需要有个人帮忙审稿修改，避免文字方面的不足。

同为当时的知名作家，金庸不想直接点出自己的顾虑，于是在找到倪匡后，先强调这次倪匡是代写，"你只管写你自己的"，言谈间给倪匡足够的发挥空间，不让对方有推辞的机会。随后又委婉地表示，倪匡代笔他特别放心，但怕他一个人代写过于吃力，于是找了董千里帮倪匡把关。他这样对倪匡说："老董的文字较洗练，简洁而有力，文字的组织能力又高，你的稿子写好之后，我想请老董再帮忙看一遍。"

虽然担心倪匡笔力有限，想提及的是对方的缺点，但是金庸扬长避短，重点表明了自己对倪匡的放心和信任，而将请董千里帮忙审稿的事情放在末尾说，简单带过作为提示，既道出真实目的，又不让倪匡心有芥蒂。这样扬长避短的说话思路，在我们面试被问到缺点时也可以参考一二。

面试场合应对面试官，首先，要坦然承认自己的缺点，让面试官觉得你是诚实可信的，从博得认同的角度让对方对你的话产生好感。其次再扬长避短，明说缺点，实论优点。

比如，被问到缺点时你可以说："我的创新能力不是太强，但是我的组织协调能力比较强，曾经在某个项目中，我做过……"

在诚实地表述自己的缺点之后，可以将优缺点一起说，说的缺点和所应聘的岗位关系不大，但是带出的优点却和应聘的岗位关联密切，并且用具体的事例强化优点，加深面试官对你的印象。

以上面试场面话总结起来，技巧就在于避重就轻、扬长避短。坦白承认自己的缺点，表现你的诚实，让对方知道你能客观认识自己的不足，并用缺点带出更明显的优点，让对方了解你有一定的长处，并可以改正缺点。在这样的对谈中，你很容易给对方留下具有成长空间和可塑性的印象，缺点自然变得无伤大雅，优点也更加耀眼。

好印象从志同道合开始

曾有人说："一个人如果能够管理他人的情绪，那他一定是个高情商的人。"其实，语言是人与人之间相处最直接的交互方式，能否做到高情商谈话，很大程度上取决于我们与别人对话时，能不能很好地关注对方的情绪和交谈体验，让对方感受到被尊重、被理解。而职场面试中，让面试官觉得你尊重和认同他，是应聘成功的第一步。

职场面试时，我们所应对的交流场面必然是双向的。在这样既是发言者又是倾听者的环境中，要想给面试官留下好印象，让对方觉得你尊重且认同他，关键在于通过倾听对方的话，理解对方的思路，并接收到对方想要传达的信息，在反馈时表达赞同，并锦上添花地说出你的理解。因此，要想演好"你说的就是我想的"这场面试大戏，学会倾听是基础。

沈聪第一次参加面试，为了有更成功的把握，他在面试前特意查阅了该公司的相关资料，并背了大量网上号称经典的"面试谈话模板"。怀着忐忑的心情，沈聪坐在面试官面前，心里还在复习自己准备的"资料"。没想到面试官剑走偏锋，并没有问那些常规问题，反而对沈聪的一段实习经历很感兴趣，并不断地提问。被打了个措手不及的沈聪，在整场面试中不断地紧张走神，既没听清楚面试官的问题，又回答得磕磕绊绊，惹得面试官十分不悦。一场面试草草结束，沈聪也与入职无缘。

其实，正确的面试回答并不在于你说出的答案多么"标准"，因为面试谈话原本就是因人而异，没有标准可言。面试官更在意的反而是你回答的是不是他满意的点。像沈聪这样连"听懂"都不能做到，所给出的回答自然也是离题千里。其实很多时候，面试官满意的答案不在别处，就藏在他说过的话里。

相比沈聪的"话不对题"，同为职场"萌新"的方芳在这方面就表现得特别优异。

方芳面试一家互联网公司的企划部文案，她顺利地通过了第一轮面试，第二轮由企划部总监面试。在面试中，总监拿来一本宣传册，随手翻开一页说："这是公司上一季度的广告册，结合我们的产品，你对这部分选题和创意有什么建议和看法？"

方芳观察这位总监翻开广告册的表情，同时琢磨对方在说话时询问"建议和看法"，分析出对方可能对这部分内容并不十分满意，希望听到更有建设性的回答，于是她就顺着总监的话锋，试探着提出了一些新的创意。对于方芳的回答，这位总监时不时穿插几句点评，也表示此创意有优化的空间。方芳则抓住对方每句点评细节，表示赞同的同时，加入一些表现自己专业能力的小建议。一场面试下来，两人相谈甚欢，不但方芳求职成功，且在后来的工作中，这位总监还觉得方芳是个有想法的新人，对她十分器重。

想像方芳一样做面试场上的"解语花"，获得对方的好印象，其实做到以下两步就可以：第一，认真倾听对方说话；第二，提取对方观点，转化为自己的观点说出来，给对方互相认同、志同道合的感觉。

职场面试中，不要害怕自己没经验、不专业，想给对方留下好印象，有很多其他方法。如果你并不是资深职场人，没有见招拆招的水平，那不妨先仔细倾听，积极地配合面试官，让对方从你的眼神、表情等肢体语言中感受到被尊重。再适当地就着面试官的问题阐述自己的观点，并穿插一些提问，既让对方觉得你没有漏掉他的话，又能试探面试官的想法和反应。最后把对方表达过的观点加工成自己的看法说出来。

这样一场让面试官觉得你既能尊重倾听，又与自己想法相似的谈话，自然能为你的职场生涯开个好头。

面试不是应试，是真诚的交流

"能不能谈谈你从上一个单位离职的原因？"这个问题大概是求职者们面试时经常被问到的。在当前职场中，跳槽已经成为一种常态，很多年轻人更是认同"工作不顺心就换，下个没准儿更优秀"的观点。但是如何在下次面试时，体面地说出自己上次离职的原因，并获得面试官的认同，往往决定了你能否被成功录用。

很多求职者在谈到过往离职的原因时，因为怕影响面试官对自己的印象，经常会编造一些原因，把离职推卸给外界的因素，比如单位离家远、结婚带孩子、公司业务转型等。这些场面话虽然不会影响面试单位对你的道德评价，但实际上，如此模板化的问答也是很多身经百战的招聘者根本不相信的。

面试被问到过往离职的原因时，敷衍作答、胡编乱造有时可能适得其反，让面试官觉得你有所隐瞒，很不诚实。其实，面试场面话中，美化离职原因的方式并不是只有说假话一种。你的离职原因一定包含你难以接受的点，为了不在新公司重蹈覆辙，要学会"假话全不说，真话不全说"，把你忍受不了的离职原因说成你的优点，让对方觉得你在真诚地沟通交流，也许会获得更好的求职效果。

林耀在一家外贸公司做了两年业务，工作期间业绩突出，受到同事们的一致好评。但林耀和领导不和，无论是升职加薪还是部门奖金，林耀总比别人少。家庭经济压力很大的林耀最终忍无可忍，辞职跳槽，希望能找到一份更高薪的工作。

但在后来多次面试中，被问到之前离职的原因时，无论林耀诚实回答因为薪酬低，还是表示因为人际关系复杂和领导合不来等原因，最后都难以应聘成功。

认真地分析了问题所在，林耀在又一次面试被问到离职原因时，他选择这样说："这两年，我在前一个公司主要负责外贸业务，虽然业务量是公司第一，但是公司规模有限，内部崇尚扁平化管理，留给我的晋升空间比较小。而在薪酬方面，受限于我当时的职位，领导也没法帮我再申请调整。所以我希望换个新环境，给自己更多的发展空间。我觉得贵公司的管理理念和我的求职目标很匹配，希望能够加入。"

面试官觉得林耀的回答很真诚，而且他在职业规划上有自己的想法和目标，所以进一步沟通后，面试官通过了他的面试，并给了林耀较为满意的薪酬。

任何企业都希望招来的员工敢拼敢干，能为公司创造更多的价值。企业反感的不是你要高薪，而是反感你作为职场人"性价比低"。

诚实地表述因为薪酬低所以离职，并希望新工作能获得高薪，林耀应聘成功的这次面试中，先说自己"业务量是公司第一"，展现了他的能力，再提原公司"扁平化管理"不适合自己升职，隐晦地表示自己离职是由客观因素限制。这样，虽然说的都是实话，但是却把敏感的问题淡化了，既不给面试官胡乱猜测的机会，又委婉地表达出自己的优势和求职需求，面试官反而会将关注点放在他的能力上，认为林耀是个对职业有追求、有能力，值得企业投入高薪去栽培的人。

总而言之，面试被问到离职原因这类敏感问题时，要记住，面试不是应试，没有标准答案。

学着真诚地交流，把你的诉求渗透到谈话中，让对方了解你，同时用离职原因抬高自己的价值，让对方听到真相，感受到你的诚实，但又能将关注重点拉回到你未来创造的收益上，这样你的职场升迁之路自然能节节攀高。

才能展示，画龙点睛很重要

面试过程中，除了让面试官迅速记住自己，如何彰显独特才能，让面试者眼前一亮，从而留下"非你不可"的印象，也是对很多求职者的一大考验。

众所周知，很多求职者在参加面试过程中都容易紧张。这样的情况下，一来容易头脑发热说错话；二来容易将紧张、拘束的情感传递给面试官，让对方在谈话的过程中也变得尴尬不自在。到时候，别说让面试官注意到你的才能，就算想留下好印象也会十分困难。

所以，最好的面试氛围就是双方都能落落大方地说出自己想说的话，在和谐、融洽的气氛中进行沟通。而想营造这样的氛围，给你的才能画上点睛的一笔，学会在面试时发挥你的幽默细胞，也许能让面试官对你另眼相看。

某电视台主持人在回忆自己年轻时候的面试故事时，就说过这样一个用幽默让领导眼前一亮、痛快涨薪的经历，对如今的应聘者颇具借鉴的价值。

这位主持人当时还是电视台新人，来到台里已经工作一段时间，但薪酬一直很低。主持人很想加薪，但她却不知道如何跟领导说加薪的事，怎样说既不会太过分，又能轻松达到目的？

为了成功加薪，这位主持人准备了很多能够展示自己工作成果的资料，希望在和领导的谈话中，让对方看到自己的能力，同意加薪。但在跟领导去餐厅喝下午茶聊天的过程中，她因为太紧张，说来说去也没说到加薪这个关键点上，而领导也对她展示的工作成果并不十分重视。

眼看聊天的机会就要结束了，正好餐厅服务员前来续杯，对这位焦虑的主持人询问道："您好，请问您需要加咖啡还是加茶呢？"

这位主持人灵机一动，大声地对服务员说："可以加薪吗？"

领导听到这位主持人幽默的真心话，哈哈大笑，说道："你这临场反应能力不错呀！之前我也注意到你最近主持节目有很大的进步，你是有潜力的人。好，加薪的事儿咱们好好谈谈。"

这位主持人使用借题发挥的方式，不但展示出自己幽默的语言功底，调节了谈话的气氛，也给领导留下了随机应变、灵活会变通的好印象，最终达到了自己的目的。由此可见，一句话点睛，胜过前面絮絮叨叨的一堆话。

职场面试中，也需要我们有临场发挥的能力，能够巧妙说话，为自己平平无奇的履历增加一些让人印象深刻的亮点。当今社会，实干的人有很多，有时候面试官更想在"实干派"里找到更特别的人才。

我的朋友就曾过关斩将成功面试一家音乐公司的岗位。当时，竞争同一岗位的应聘者有很多，进入复试的人专业能力都差不多。在面试时，面试官提出这样的问题："请用一句话展示你的幽默感。"

朋友立刻站起来，假装手中有吉他，边假装弹奏，边唱了一句："原谅我这一生不羁放纵笑点低！"正是这句临场改编的歌词把在场的人都逗笑了，收获了面试官的好印象，也让朋友最后顺利获得了工作。

这位朋友面对提问，应景幽默，巧妙地化用了一句黄家驹的歌词，同时又带着表演，展现出自己在音乐方面的专业能力，最终取得了锦上添花、画龙点睛的效果。应聘中的我们不妨也在场面话中增加一些幽默的语言、临场发挥的智慧。

面试求职路上，很多时候，一群应聘者才能相当、履历类似，在面试官心中的初试分数或许差不多。当身处这样强者对局的竞争中，"硬核"才能也许并不能让面试官一眼看到你。不妨用幽默给面试对话加一点彩，借现场的人、事、景、物为话题，委婉曲折地说出自己的目的，展示自己的才能。这种诙谐幽默和处变不惊的答话很可能变成你区别于他人的点睛之笔，让面试官看到你身上的独特光彩。

第六章

不做职场"边缘人"，场面话为你的事业加分

很多职场老实人奉行"多干活、少说话"的原则，认为少参与职场社交就能避免不必要的争端和麻烦。殊不知，只会像老黄牛那样埋头苦干，而不懂得与人沟通的技巧，最容易沦为职场"边缘人"，但凡有点风吹草动，总是最先遭殃。

职场生存之道不全在谨言慎行里，更要靠言之有道。学会说好场面话，不但能帮你获得好人缘，更能帮你事业加分，一路通关。

说好场面话，职场生存有术

曾在某本社会学书籍中看到过这样一句话："对一个职场人而言，智商决定你是否能被录用，情商决定你是否能获得晋升，社交商则决定你是否能成功。"

职场人际交往中，体面周到地应对各种同事是一种能力的体现，但这种能力并不是与生俱来的，而需要我们在不断与人交流中习得。

一些智商较高、能力更强的职场人，很多时候也会忽视自身社交商的培养。他们经常会犯一个错误，认为只要自己在工作中鹤立鸡群，比别人都优秀地完成任务，就能获得升职加薪的机会。但是他们都忽略了一点，职场从来不是单兵作战的场合，需要各部分协作分工，才能让公司这个大"机器"运转起来。任何一颗优秀的螺丝钉都不能脱离其他零件而单独工作。所以，职场中学会说好场面话，与其他人和谐相处，甚至善于用好好说话获得周围同事的帮助，才是真正有能力的强者。

社交商支撑下的职场生存之术，很多时候并不需要你锋芒毕露，学会抬高别人，在热络的气氛中和同事们打成一片，才能帮你获得更多职场"战友"。

王闯是一名程序员，刚从某互联网大厂跳槽到一家中型企业。刚入职时，领导就向办公室其他人介绍，说王闯在专业技术上能力强、有经验，希望大家多和王闯交流学习。经过领导这样一番夸奖，部门里几位老员工因王闯的到来产生了强烈的危机感，他们并不十分待见王闯，甚至有些排斥他，这给王闯的工作造成了一些不便。

面对新同事、新环境难以融入的问题，王闯虽然有些生气，但他却控制住情绪，日常沟通工作时态度谦虚，甚至经常虚心向几位老员工请教问题。

最开始时，他受到了同事的冷遇，会这样对同事说："虽然我之前在大公司，确实做过一些有难度的项目，但是技术这东西不断更新，我也得学习，像您现在做的这个，我就没经验，做起来很费劲。看您这几天做得这么快，可比我强多了。我觉得自己还得多向您取取经，要不然这周的任务都够呛能完成。"

虽然几个老员工对王闯的说法并不买账，但伸手不打笑脸人，他们还是会指点一二。而王闯每次获得帮助后，也都会夸赞对方一番，甚至在请教工作问题之余，还会和同事们说说生活上的事情，聊聊家长里短。

一回生、二回熟，时间久了，几位老员工觉得王闯谦虚又热情，工作勤勤恳恳又没架子，并不像当初以为的那么有"威胁性"，便也不再孤立王闯，开始接纳他的加入，甚至有时候会主动配合他工作。

像王闯这样的高情商职场人，从不逞一时口舌之快，反而用语言作为糖衣，让他人感受到自己的温和无害，在言语间拉拢人心。他通过左右别人的情绪，化解了自己的危机。

在新环境中，培养自己的社交商，善于说好场面话，和大家打成一片，才能为自己铺好更远的路。如果你是个聪明人，想在一个新环境中过得如鱼得水，甚至获得更多的升职机会，就要学会把周围人尽量变成你的助攻。

一方面，融入新环境，你要收起锋芒，这个世界从来不缺有能力的人，但既有能力又会做人的人却并不常有。抛开你的畏惧心、自大心、戒备心，在和同事交流时谦虚谨慎，多说对方爱听的好话，不着痕迹地恭维对方，让对方成为你在新环境的引路人，在与其交往中获得更多新环境的信息。

另一方面，平时找机会和同事交流、探讨，表现出你需要帮助和强烈的求知欲。"好为人师"是大多数人的通病，人在被求助时经常会有一种成就感，而你对他适当地求助，对方获得了成就感，便愿意和你亲近。随着关系不断亲密，你再适当地关心对方，聊聊生活和日常。这样反复地交谈和沟通，能很好地增加人与人之间的感情。

总而言之，你应先主动"求和"，说话聊天和别人打成一片，如此一来，别人自然也会慢慢接纳你，职场友谊指日可待。

有备而来，张口不尴尬

说起办公室场面话，很多人会觉得这有什么难的，不就是"八卦逗趣扯闲篇，逢迎恭维说好话"吗，这谁不会呢？

其实，职场场面话想要说好可没那么简单。每个公司可能都会有那么几个"话痨"，客气捧人做场面，热心帮忙出主意，但凡涉及办公室交际的事儿，场场落不下他们，但最终还是难以赢得好人缘。其问题的关键就在于，他们说的场面话都属无效输出，不能给他人带来有效的帮助。沟通说不到人家心坎儿里，说得再多也只能适得其反，难以赢得别人的信任和青睐。

职场场面话，说的目的从来不是"说话"本身，而是要通过说话这种方式促成合作、达成目的。你要有备而来，摸透对方的脾气，从把别人说服，到把别人说心动，才能水到渠成，达成自己的目的。要想做个职场社交中有眼力见儿、会说话的人，我们不妨学学下面这招：有备而来，攻人攻心。

　　张曼玉主演的电影《白玫瑰》中有这样一个片段，张曼玉扮演的保险推销员来到客户家推销保险。客户对投保并无兴趣，甚至有些看不起上门推销的推销员。为了讽刺这位推销员，客户拒绝她之后，扔给她一枚硬币，说当作送她回家的路费。

　　电影中被羞辱一番的推销员很生气，本想愤怒离开，但是她在转身出门时，却看到了客户办公室里的一张孩子的照片。推销员猜想，这应该是客户的孩子，能摆在办公室显眼的位置，说明客户很爱他的孩子，于是她灵机一动，瞬间改变了想法。

　　只见推销员对着孩子的照片深深鞠躬，并惋惜地说了一句："对不起,我帮不了你了。"

这一举动让客户大为吃惊,立刻叫住她,要她给个解释。

这位推销员抓住机会一番陈述,最后终于促成了这单生意。

张曼玉扮演的这位保险推销员之所以能成功,关键在于她有眼力见儿,通过观察孩子的照片,做好从孩子做切入口的推销说辞,直击客户的内心,用客户对孩子的情感打动对方,消除对方谈话的抗拒心理。这样用一两句场面话勾起对方内心最柔软、最关注的点,对方的目光和情绪自然被调动,主动参与对话的情况下,达成推销的目的也就并不难了。

职场社交中,像这样"得其情,乃制其术"的说话方式也屡试不爽。在需要对方帮助、认同或合作等情况下,和对方对话"打直球",很可能会有被拒绝的风险,如果沟通不顺畅,还容易造成双方争执,不欢而散。不如先观察和揣摩对方,摸透对方的意图和观点,把握好对方的情绪和心思,再有的放矢地把握对方内心的关注点,说明自己的意见和主张。用适当得体的场面话达到"驭心"的效果,从而进退自如地控制对方,让对方在谈话间不自觉地走入你事先规划好的"终点"。这才是场面话的高境界。

职场中,人人都对外界抱有防备心,人人都渴望被理解。如果你能在职场谈话中做好准备功课,有备而来,找到你的谈话点和对方情感的共鸣,那么就能很好地拉近彼此的距离,打破"尬聊"的窘境也不再是难事,你的谈话目的也将能顺利实现。

先"得体"再"得心",职场幽默要有分寸

职场中,幽默风趣的人往往更容易获得别人的好感。喜欢开玩笑的人能够调节气氛、缓和尴尬,很多困局和僵持也能被他们博君一笑的技巧性发言轻松化解。身边有这样的同事,更容易给工作环境带来如沐春风之感。

然而,职场社交中,幽默的巧言妙语是一种艺术,需要用对场合和对象。如果在开玩笑时不会把握分寸,很容易适得其反,让别人反感。尤其对领导的玩笑,甚至有可能冒犯对方的尊严,导致职业危机。

中国文化讲究亲疏有别、张弛有度,幽默是社交利器,能够帮我们俘获人心,但我们也要注意职场玩笑的得体和适度。好的玩笑叫幽默,能够拉近彼此的关系,不恰当的玩笑则可能弄巧成拙。清代名臣纪晓岚的职场生涯中,就差点因为玩笑而惹怒自己的"领导",虽然后来被他机智化解,但也值得我们引以为鉴。

在某个夏日,纪晓岚和几位同僚进行书稿校阅,在书馆里忙碌了好些时候。由于酷暑难耐,纪晓岚便脱了衣服,赤裸着胳膊,十分不雅地继续校阅。

没想到恰好此时乾隆前来视察,见到乾隆的纪晓岚已经来不及整理衣冠,只好畏畏缩缩地躲在一旁。而眼尖的乾隆早就看到了纪晓岚的异样,内心升起想看他笑话的念头,于是故意装作不知,还跟书馆里其他官员聊了起来。

一直躲在角落里的纪晓岚等了半天，实在熬不住了，就偷偷露出脸问道："老头子走了吗？"

没想到此时乾隆正巧坐在他面前，而这句话引得乾隆十分不悦。平时两人谈话时，纪晓岚开玩笑也就罢了，现在书馆中，周围一众官员，乾隆觉得十分没面子，于是怒道："大胆纪晓岚，这礼数教条都被你吃了吗？竟然叫朕老头子！现在朕就给你个解释的机会，解释不好，看朕怎么治你的罪。"

平时和乾隆开惯玩笑的纪晓岚，也知道这次有些口无遮拦，让乾隆下不来台了，于是他灵机一动，从容地说："臣也没叫错呀，您看您万寿无疆，可不就是'老'？您统率山河万民，岂不是至高无上，可以叫'头'？而承天之运，以天地为父母的您，难道不是'子'？这连起来不就是'老头子'？"

纪晓岚一番巧舌如簧，曲意解释，霎时化解了称呼乾隆"老头子"带来的僵局，最终乾隆认为他解释得不错，还欣然赏赐了纪晓岚。

然而，当代职场社交中，我们未必有纪晓岚这份处变不惊的机智，而我们的同事、领导也未必有乾隆这番包容大度。为了避免不恰当的幽默给自己招灾惹祸，我们要记住，职场中先"得体"，再"得心"，先保证你场面话中的玩笑处于对方能接受的范围内，给对方足够的尊重，再考虑用幽默感俘获人心，拉近彼此间的距离。这样才能帮你正确地打开职场人际网。

高情商的职场人，场面话中的玩笑都会自带分寸。如果你想得体地运用幽默感赢得别人的好感，首先要注意玩笑不"揭短"。比如看见身材肥胖、穿着粉色连衣裙的女同事，你若打趣对方像个"花枝招展的小猪"，那就不是玩笑，而是一种冒犯。同样是开玩笑，如果你说"看你这喜气洋洋、红光满面的样子，穿新裙子是有啥喜事吗？"或许会让同事听完变得开心，跟你聊聊她的"喜事"，让你们的关系更进一步。

同样，在与领导开玩笑时，也要注意把握度。中国式职场关系中，没有领导会真的喜欢和下属做"兄弟"。身居高位者都更希望从下属那里获得尊重和敬仰。所以与领导交际的说话"得体"，体现于在任何场面中都给领导面子，开玩笑也要注意不能没大没小、毫无顾忌。学会在幽默中不着痕迹地抬高领导，表达出你的夸奖、敬仰、尊重与认同，才能让领导因为你的幽默高看你一眼。

所以，为了让职场社交一帆风顺，你的幽默感要适可而止、张弛有度，先有点到为止的含蓄得体，才能让别人觉得你俏皮可爱，你才能赢得更多信任与好感。

"八卦"有度，办公室话题别乱说

"八卦"是职场人的重头戏。工作之余聊聊八卦，既能互通工作中的一些信息及"情报"，又能促进情感交流，让人与人之间的感情更亲密，难怪现代人将"八卦"视为职场社交的一种。

但是，聊八卦是一把双刃剑，把握不好分寸，很有可能惹火烧身，招来麻烦。

办公室人多口杂，很多细微的问题一旦被有心人添油加醋加以传播，都可能引起轩然大波。有些话是你茶余饭后的谈资，但让当事人或者其他人听到可能会感到沮丧或者尴尬。还有些话从你口中出来，周转一番后则可能变了味道。

社交生活中，人与人之间的感情十分微妙。彼此脾气相投，互聊八卦可能让他人当你是"自己人"。如果你经常口无遮拦，也容易让他人对你产生不可信任的坏印象。所以，八卦社交虽然好用，但也要注意度的把握。办公室话题不能乱说，这是对他人的尊重，也是对自己的保护。

小于工作认真努力、人美嘴甜，是领导的"心腹大将"。而她深受领导青睐的原因，除了自身的努力之外，还因为她爱聊八卦，是公司的"百事通"，各种消息十分灵通，哪里有些风吹草动，总能第一时间知道，领导对下面员工大事小情的了解，很多都来自小于。

但是言多必失，某次小于聊八卦，居然聊到领导头上，结果惹怒了领导，让自己的职业生涯受到不小的打击。

这一天，领导让小于帮忙订两张机票，小于热心地问："您这是要跟老公出去旅游？"

领导平时就和小于闲话家常惯了，所以想都没想就回答道："嗯，下周是我们结婚十周年纪念日，想好好庆祝一下，顺便休假。正好最近太忙，项目快要收尾，也没什么大事，我早走两天。"

小于前脚刚帮领导订完机票，后脚就和办公室同事八卦起来："真羡慕领导，下周能休息，去马尔代夫旅游，咱们还要做项目收尾，命苦啊！"

不想，这一番无心的抱怨却被其他部门的人听到，他们向公司高层捅了出去，让这位领导落了个工作不负责、提前休假的话柄，影响十分不好。

被小于无心闲聊坑了一回的领导，随后在某次工作指派中跟小于说："连订个机票这种简单的小事儿你都办不明白，以后重要的工作我哪敢放心交给你，还是算了吧。"后来很多重要工作领导再也不交给小于处理，她升职加薪的机会自然也泡汤了。

像小于这样的职场人，成在聊"八卦"，败也在聊"八卦"。消息灵通地闲聊既能为她赢得领导的青睐，口无遮拦地泄密也能让她失去领导的信任。以小于为戒，职场八卦虽能聊，但要如何拿捏分寸，才是为人处世的关键。

首先，别人的私事不要聊。职场就是竞技场，同事之间是合作关系，也是竞争关系，谁也说不准什么时候、什么人会突然变脸。无论是自己的私事，还是别人的私事，拿到办公室聊，都会暴露更多要害。一旦对手发出攻击，这些私事、信息就会成为靶子。到时候，八卦别人私事的你就会变成"帮凶"，四面树敌，而泄露自己的私事也会让你在职场竞争中处于劣势。

117

其次，敏感信息少打听，祸端别从自己口中出。职场中多数老板都忌讳员工攀比工资奖金，而很多"包打听"总热衷于这方面的信息。实际上，无论为了减少同事之间的矛盾，还是避免给老板"惹祸"，工资奖金、人事变迁等敏感信息都不适合作为八卦来谈。即使有人问你，也要及时打断对方，而作为被问者，为了缓解尴尬，避免直冲对方，则可以调侃回答"哪是工资，也就是个零花钱！""工资啊，够叫外卖，不用吃土了！"等等，这样幽上一默，委婉回绝，也是职场八卦中既能拉近关系，又不至于埋下口舌祸端的取巧办法。

学会这样有分寸地"八卦"，以及在场面话上"打太极"的说话方式，才能更好地明哲保身，既不让自己被八卦所伤，又能和别人有话可聊。

职场进阶，努力与汇报同等重要

近几年职场"社畜"们对自己的调侃越来越狠，曾有一首网络神曲，歌词这样写道："干活的累死累活，有成果那又如何，到头来干不过写PPT的。"一针见血，唱出当代职场人的无可奈何和心有不甘。其实无论是新手小白还是职场达人，很多人都面对这样的问题：加班加点努力干活，却难以得到老板的赏识，甚至很多努力老板根本看不到，这样如何升职加薪呢？

在当今激烈的社会竞争下，默默无闻、埋头苦干的员工早已不吃香。妥帖地完成本职工作仅仅是职场生存的基础技能，不能让你升职顺遂。如果你不能让领导看到你的成果，不能把你工作中的精彩展示出来，那么付出再多的努力，也不过是无用功。干得好不如说得好，这里送大家一个职场进阶秘籍：七分靠努力，三分靠汇报。会给领导汇报的人，有时不但能升职加薪，甚至可以消灾解难。晚清名臣曾国藩就曾经靠战报奏章里的场面话，帮自己度过了一次仕途危机。

　　清末太平天国作乱，当时踌躇满志的曾国藩，一心以为凭自己带领的精锐兵将，一定可以快速扫平叛乱。然而，他何曾想到，战事刚开始就遭遇岳州、靖港两次兵败。想到自己率领着朝廷军队，蒙皇帝信任指挥作战，居然连小小的太平天国乱军都斗不过，身为二品大员的曾国藩深觉受辱，不惜跳水自杀以证气节。但曾国藩自杀不成，被亲信救下，重整旗鼓虽也小胜太平军几次，却又在九江湖口遭遇重创，被太平军打得几乎全军覆没。

　　死又没死成，与太平军的对战还得继续，如此局面，曾国藩面临着一个难题——如何向朝廷汇报战况。

　　本来与太平天国叛军对战的战绩就不光彩，而自己跳水自杀的事情又被咸丰帝知道了，这让写奏折的曾国藩一筹莫展。

　　经过反复思索，曾国藩写了一封请罚的奏折。在奏折中，曾国藩如实报告了作战情况，在写到作战以来"屡战屡败"时，他斟酌再三，将其改成了"屡败屡战"。可就是这前后顺序之差，让朝廷上下乃至咸丰帝都对曾国藩另眼相看，认为他具有执着精神，在对抗叛军中变得越来越坚定和顽强。大家都坚信，假以时日，曾国藩定能率军荡平叛军，取得胜利。

从曾国藩"屡败屡战"的战事汇报中我们可以看出：战败是客观事实，不容抵赖，原来写"屡战屡败"，强调的是一个"败"的结果，让皇帝看到觉得此人无能，而"屡败屡战"强调的则是一个"战"字，是乾坤未定、勇往直前，让人觉得汇报之人还有一战之力，表现的是其勇猛无畏。

一封简单的战报奏章，更改一个字就能扭转乾坤，帮曾国藩避免被责罚，这就是向领导汇报工作时会说场面话的价值。

职场生活中，有些员工能力有限，难以达到领导的高要求；有些员工默默无闻，只会埋头苦干；还有一些员工喜欢贴边站，总是做职场"边缘人"，这些都是职场大忌。要想做受领导青睐的中流砥柱，就一定要说好场面话，在适当的时候让领导看到你的努力，肯定你的价值和贡献。

日常工作时，适时地跟领导汇报你的工作进度，言谈间注意事事有交代、件件有着落，让领导时刻了解你做到哪一步，完成得怎么样，这样不仅能给领导留下深刻的印象，还会让对方觉得你是靠谱、专注工作的。

如果遇到工作困难，也不要一条路走到黑，按照自己的想法去开展工作，不妨及时与领导进行沟通，在说话时先表明，为了完成这些工作，自己已经进行了哪些努力和尝试，并暂时取得了哪些结果，让领导能够清晰地意识到你肯"拼"，只是暂时遇到工作瓶颈，需要与他探讨。这样不但能与领导及时沟通工作，避免差错的出现，还能因你及时的汇报和求助，让领导获得一种虚荣心上的满足，觉得你唯他马首是瞻，信任他的指导。这样的汇报甚至可以增加你与领导之间的亲密程度，让你们的职场关系更紧密。

　　总之，职场也需要场面话。七分努力是基础，三分汇报引关注。在汇报中巧妙地抬高自己，展示工作成果，才能让领导看到你的重要，给你的职场竞争力加分。

以退为进，巧用场面话弥补失误

　　《孙子兵法·军争篇》中有这样一句话："军争之难者，以迂为直，以患为利。故迂其途，而诱之以利，后人发，先人至，此知迂直之计者也。"讲的是在两军对阵时，如果遇到争夺主动权的困难，我们就要想办法把迂回的道路变成直路，把不利的条件变成有利的条件，迂回进攻，以退为进，用小利引诱敌人之后，后发先至，用迂回之计谋划胜利。而以退为进、迂回求胜的思路不仅适用于古代兵者之争，对今天职场你我的人际交往，也能启发一二。

　　职场如战场，上下级、同事之间即使平日其乐融融，遇到升职加薪竞争时，也都是寸土必争、毫不谦让的。在这些竞争摩擦中，我们都难免会有行差踏错、落入下风的时候，所以学会在自己犯错误或者处理问题不当而惹恼同事时，巧说场面话，从而避免更大的冲突，是职场重要的生存法则之一，而以退为进弥补失误，则是十分实用的一种对策。

小李新加入一家游戏公司不久，正是雄心勃勃、想在新环境一展拳脚的时候。某日，领导交给小李所在的项目组一个新任务，要做公司某爆款游戏的线下活动宣传，需要做一些更具市场吸引力的活动策划方案。小李知道领导十分看重此款游戏的宣发，认为这是个"立功"的好机会，于是在方案初步研讨会上发言积极，当场提了很多自己的创新想法和建议。

会议结束后，领导要求该小组三天之内提供三套可行性方案，再进一步研讨。满脑子新想法的小李走出会议室找同组的策划前辈王姐商量方案，王姐却一脸冷漠地说："我看你刚才想法挺多的，要不这回三个方案你都出吧，加油，给领导看看咱们组的活力和创新。"

被王姐不咸不淡地这样撑回来，小李才意识到，刚才在会议上头脑风暴时，自己言语间有些得意忘形，惹恼了王姐。

于是，小李笑着说："我哪做得出三个方案啊，刚才这不是抛砖引玉嘛，真要做好落地方案，还是你经验多、能力强，我也就会瞎出主意，落地方案就不行了。王姐，还得你带着我来做，咱们组才能出彩。你看要不这样？咱们研究一下方向，你说需要准备什么材料，我去查找整理，帮你把前面琐碎活儿准备好了，咱们一起搞好这次活动！"

王姐见小李一番言语说得诚恳，又愿意放低姿态包揽一

些准备工作，便也缓和了态度，随后两个人有商有量，一起
出色地完成了这次任务。

小李虽然经验尚浅，开始时有些得意忘形，但在发现自己和
王姐之词出现冲突的苗头后，立刻在语言上示弱，用一段场面话
避免了矛盾的激化，进而化解了工作中不必要的摩擦。

工作中我们都会有多言忘形的时候，很多人碰到这种情况，
要么让话题戛然而止，立刻闭嘴收声，避免造成更加尴尬的场
面，要么针锋相对，一条路走到黑，硬扛下口无遮拦的苦果。

说错话不要紧，不妨学学小李，以退为进，放低姿态捧着对
方，用后续的场面话找补回来。俗话说："伸手不打笑脸人。"你
把笑脸递过去，对方自然不会直接折你面子。然后再迂回放手，
把选择权让给对方，实际上，对方为了显示自己的气度，不会真
的完全抢占功劳，反而会为了情面、脸面而不好下手，最后受益
最多的还是你自己。

场面话中的"以退为进"，退是表象，进是目的，通过谈话
中形式上的退让，让对方获得心理上的满足和思想上的放松，对
方自然也会满足你的一些要求，无论找补失误，还是另有要求，
都更容易达成。

为领导解围，给自己加分

"打圆场"一词，出自清代李伯元的著名谴责小说《官场现
形记》，指的是从善意的角度出发，调节人际关系、缓和紧张气

氛的一种语言行为。打圆场这种行为在社会交往中具有积极意义，可以说，打圆场既能为他人解围，又能为自己积德。

职场生活中，无论你是高层领导还是基层员工，都难免遇到自己搞不定的尴尬局面。这时候，如果有人从中斡旋，或是递个"台阶"，就能很好地避免双方陷入僵持境地，也能给事情一线转机。

人际交往中，善于帮别人解围、打圆场的人，可以得到更多的赏识和好感。一句打圆场的话，在拉高自己的人缘魅力的同时，也能让被帮助者更加信任你。尤其在职场上下级关系中，懂得维护领导面子、说好话打圆场的人，通常都更容易赢得领导的好感，甚至会给职业生涯添上一笔亮色。

回顾历史，纪晓岚之所以深得皇帝信赖，仕途通畅，不仅有赖于其自身才华，更与其会说场面话、善于打圆场密不可分。

众所周知，乾隆皇帝对自己的文韬武略十分自信，尤其在诗文方面，更是自视甚高。但实际上，乾隆皇帝在诗词造诣上并不到家，作诗尴尬卡壳的时候也不在少数。

据说某年冬天，乾隆去杭州西湖微服私访。正赶上西湖大雪，望着纷纷扬扬的雪花，乾隆诗兴大发，即兴赋诗道："一片一片又一片，两片三片四五片。六片七片八九片，……"说到兴处，却忽然卡住，作不出下句了。随行人员都看向乾隆，这样的尴尬时刻，站在一旁的纪晓岚立刻接道："飞入芦花都不见。"乾隆听后哈哈大笑，随行众人也纷纷夸奖此诗巧妙而颇具韵味。

纪晓岚接的句子一出，乾隆勉强说出的前三句顿时才有了点诗的味道。而因为纪晓岚及时解围，乾隆也不至于在随行众人面前丢面子。虽然这个故事在民间版本众多，是否为实也有待考证，但是从故事里我们还是能认识到，做一个能在领导深陷尴尬时打圆场的人，自然能获得领导的好感，为自己赢得更多机会。

俗话说："金无足赤，人无完人。"即使是领导也会犯错误，如果你能及时维护领导的面子，帮领导找台阶下，解决问题，领导也会对你心存感激。相反，那些不能在关键时刻顶上，反而"卖了"领导的人，职场中路途坎坷也是必然的。

小曲在某食品公司做总经理秘书，因为3·15期间检查出公司的一批产品存在食品安全问题，不但公司面临调查整改，还引来很多记者进行围堵。小曲认为自己只是个小职员，担心答错问题引火上身，所以在遭遇记者追问时，回答道："相关的问题我不清楚，你们可以采访我们经理。"随后，小曲在没和经理沟通的情况下，擅自放记者进公司采访，搞得经理焦头烂额。事后小曲也被总经理一气之下解雇了。

像小曲这样不会打圆场的人，不但给别人添麻烦，也害自己丢了工作，是我们要引以为戒的。

其实，在职场社交中，为领导打圆场考验的是一个人面对突发情况随机应变、化险为夷的能力。

随机应变，讲求声东击西、转移注意力。如果领导陷入尴尬，被人将住，作为下属不妨顾左右而言他，转移其他人的注意力，把大家的关注点引到自己或其他人身上，给领导喘息和思考的机会，如果你说的话能巧妙地转移视线，可能别人会忘记刚才的事情，领导的尴尬自然就解决了。

化险为夷考验的则是解决问题的能力。如果领导陷于某些骑虎难下的境地，或者现场局面紧张，双方都剑拔弩张时，那不妨用"领导您一会儿还有个重要的会议，时间差不多了"这类场面话调虎离山，为事情发展留一点时间，也是迂回解决问题的一种办法。

这样在关键时刻给领导打圆场、找台阶下，领导必然会记得你的机智和闪光点，从而对你心存感激，而领导的每次感激都将是你职业生涯中的转机。

说好场面话，日后好相见

职场社交中，同事之间意见相左发生争执，或者领导教育批评下属，都是很常见的情况。但每个人都有自尊心，不希望被别人批评。即使是上下级关系，受到批评也未必会心甘情愿地接受。因为职场中的批评涉及自尊，口不择言地批评等同于打对方的脸，如果分寸拿捏不当，很可能被对方记恨，寻常的批评最后变成自己在职场中的隐患。

　　其实，职场中无论是工作争执还是批评教育，我们的目的都不是伤害别人，让别人下不来台，而是通过争辩、教育、批评去解决问题，改正错误，最终达到良好的目的。那么，就没必要在言语间逞一时意气，惹对方不快。用对方更容易接受的温和的方式表达自己的意见，暗示对方改正错误，才是高明的职场沟通方式。

　　很多人都有在办公室吃早餐的习惯，姜悦也是其中一员。在一家金融公司就职的姜悦，因为家离公司比较远，经常拿着早餐踩点上班。上班开始后，她习惯边吃早餐边给客户打电话或整理日常工作，整个早餐断断续续要吃一个小时，十分影响工作效率，早餐的气味也惹得其他同事不满。

　　某天，部门经理又看到姜悦边整理报表边吃早餐，本想训斥她一下，可转念一想，在办公室公然批评对方，可能让小姑娘下不来台，影响其工作情绪，还会显得公司不近人情。于是经理走到姜悦工位前，假装路过，笑呵呵地说："吃早餐呢？看你经常吃这家，味道不错吧？我早晨上班也总赶时间，都没空吃早餐。小姜，你明天早上也顺便帮我带一份早餐吧，买回来转账给你。对了，稍微早点，我明天上午有会，早点吃不耽误开会。"

　　听到经理的话，姜悦欣然答应，为了不负领导嘱托，第二天她很早就到公司了，给经理带了早餐。拿到早餐的经理转账给小姜，顺便提醒："你以后也早点吃，别每天呼哧气喘地吃早饭，对胃不好，等你像我这个岁数，就知道好好吃早饭的重要了。"

连着两天受领导提点的小姜，这才回过味儿来，自己每天在办公室吃早餐确实影响不好，经理是在善意地提醒自己，于是她不好意思地点点头，保证以后注意。

在这件事情中，作为小姜的领导，经理完全可以直接批评她，并在办公室立威，不允许大家上班时间吃早餐。但这样训斥很容易激起一些员工的逆反心理，而且本来是一件小事，大动肝火实在没有必要。所以经理采取暗示的方法，让小姜认识到错误，也顾全了彼此的面子，可谓是双赢。

俗话说："良药未必全苦口，爽耳忠言更利行。"职场社交中，无论你是领导还是下属，对待同事还是上级，想批评人时都可以学习这位经理的方式。

职场中求上进的人都不会抵触别人善意的批评，他们不满的往往是过分激烈的批评方式。所以，在说一些伤害别人自尊的内容时，不妨站在对方的角度思考问题。先考虑对方的性格、习惯、接受度，再思考如何减少自己批评话语中的攻击性，更多地采取暗示、旁敲侧击的方式，让对方意识到你是在帮助和提点他，而不是故意给他下绊子。这样对方不但会改正错误，还会对你的提点和帮助表示感激，而你在对方心目中，自然会被列为可结交、心肠好的范畴。

　　所谓凡事留一线，日后好相见。职场递忠言，说好场面话，是保全别人颜面，也是给自己塑造善良、亲切的好形象。

第七章

会议桌上讲套路，迂回变通做场面

    会议场面话是一门艺术，既需要把握先机，又需要平衡各方。我们需要心中有算计，嘴上讲套路，才能在职场中既达到自己的目的，又不伤害他人，进而获得好人缘和好印象。

言之有物，让目标听到你的场面话

在职场会议中，无论是公司内部开会，还是对外与客户开会，很多人都存在这样一个问题——急于在别人面前表达自己的观点，迫不及待地说服领导，急不可耐地劝服客户，很怕自己少说一句话，就会丢失一次打动对方的机会。然而，一通口若悬河地表达，却并不能让对方认同你，可能落得个缺乏重点、浪费时间的差评，甚至引起对方的厌烦心理。

心平气和地反思一下，我们就会发现，很多时候这样急于求成的发言并不能达到我们预想中的效果。你说的仅仅是你自己急于表达的，未必是你的"目标听众"想听到的内容。错位沟通的后果自然是不欢而散。所以，不妨换位思考一下，想想会议对局中，对方更爱听什么。再把你要说的话包裹进对方想听的话里，让你的说辞言之有物、有的放矢，或许就会收到意想不到的好效果。

某主持人擅长主持文化访谈类节目，经常要和一些文化名人或知名学者开会，每次开会时如何打开对方的话匣子，引导对方说出有价值的访谈内容，是她的工作重点。为了顺利录制节目，这位主持人自有一套聊天方式，不但能从容对答各领域专业人士，还能让接受访谈的人敞开心扉。

某次采访一位知名先锋音乐家，这位主持人其实对音乐知识并不十分专业，又因访谈时间紧张，无法提前做更多功课。于是，在访谈现场，就出现了下面这样的对话。

音乐家："有一阵子中国不是特别盛行录音嘛，就出现了一批'棚虫'，我也是其中之一，就是因为这个契机，扒外国流行音乐，做中国流行音乐，当时写了很多电影音乐。"

主持人："棚虫？那您算是第一批棚虫喽？"

音乐家："嗯，对，其实棚虫是个调侃的说法，就是整天在录音棚里扒唱片的人，那时候唱片还是要扒的。"

主持人："您说到扒唱片我就知道了，我听说那时候很多中国流行音乐都是扒外国流行音乐的，我还记得×××的某首歌就是您这样填词的，能跟我们讲讲那段经历吗？"

这问题一下子打开了对方的话匣子，让这位音乐家乐于分享当年的光辉岁月，随后两人兴致勃勃地聊了起来。和谐的谈话氛围中，主持人和这位音乐家的距离被拉近了，谈话也顺畅起来。

分析上面这段对话，这位主持人对音乐家的访谈之所以如此顺利，很重要的原因是她会调整自己说话的用词和内容，在谈话中说一些对方在之前谈话中说过的专业词汇，制造自己很"专业"，和对方有"共鸣"的场面，进而给对方一种亲切感，并让对方觉得自己言之有物，是能够对话的人，这样双方的谈话自然能水到渠成地进行下去。

其实，在职场会议中，我们也可以尝试这种方式。可能我们并不能在任何场面中都总揽全局、博闻强记，不能完全把握目标对话人的关注点，但是我们可以挑选不同词汇，迷惑对方，让对方感觉你好像言之有物。

当会议谈话中出现的内容是你不能完全把握的时候，可以尝试把对方在谈话中说过的术语、口头语或者观点，用自己的话进行复述。这样能让对方觉得你很亲切，也能让对方对你产生"英雄所见略同"的想法，这样就更容易在接下来的谈话中获得对方的肯定。

另外，除了把对方的话化为己用，显示自己言之有物，还可以用逻辑总结的谈话方式。会议上经常有人东拉西扯说很多，却难以让别人抓住重点。你不妨做那个"结案陈词"的人，认真倾听每个人会上的观点，适当的时候用系统性、逻辑性的简洁语言总结出来。这样"借花献佛"，既能巧用别人的成果，又能表现自己的干练、睿智，还能有效帮你提升职场影响力，让你成为会议对局、访谈辩论、工作对接等场面中吸引目光、获得好评的人。

观点不同，不如欲抑先扬

曾有一项心理学研究表明，人们并不喜欢被否定或被指责。被他人否定或指责容易引起当事人的愤恨心理，进而导致其情绪低落、行为消极，产生负面力量。实际上，我们经常处于"旁观者清，当局者迷"的状态，在社交生活中总是更容易发现别人的问题，却对自己的错误觉察不清。这就导致人在社交过程中经常坚持自己是对的，而认为别人是错的，尤其在职场会议中，一句不同的观点就很可能导致会议室中的争吵，让会议无法继续进行下去。

其实，在职场会议中，当我们与他人意见不合、观点不同时，针锋相对地辩论或争执可能并不会让会议向好的方向发展，毕竟谁都不喜欢做被否定和批评的那个人。过多的否定反而容易激起对话者的叛逆心理，让事情陷入僵局。而想在会议中更快地达成目的，说服对方，欲抑先扬也许是更有效的谈话方式。

毕竟先表扬对方，捧得对方心花怒放，再委婉否定批评，表达自己的观点，会更容易被人接受。这种先肯定后批评的说话技巧在中国传统文化中并不鲜见，李商隐在其诗词中就曾有之。

我们都在中学语文课本里学过李商隐的《贾生》一诗，这首诗可谓欲抑先扬场面话的典范。诗的前两句"宣室求贤访逐臣，贾生才调更无伦"看似是在称赞文帝求贤若渴，并赞叹贾生的才能，词句高调，丝毫没有贬低之意。但是后两句"可怜夜半虚前席，不问苍生问鬼神"才是重头戏，是李商隐真正的意图所在。点明前文的礼贤下士、虚席垂问实际上并非为寻求天下太平的治国安民之道，而是为了"问鬼神"，求虚无缥缈之事。全诗连起来读，就可见李商隐对文帝荒唐行事的讽刺和批评。

由此可见，想否定、批评一个人，如果先从赞美他的话说起，再说否定之言，不但显得否定的视角更加客观和真实，还能用正反打对比，彰显自己的批评、否定有理有据。像李商隐这样欲抑先扬的说话方式，在职场会议中也十分适用。

中国文化讲求"先礼后兵"。说话聊天、会议对局，若想把控全局，让对方心服口服地听取你的否定和批评，并认同你的观点和建议，不妨先夸夸对方，再给出其他建议，先给"甜枣"，再给"巴掌"，这样对方就不好意思跟你针锋相对了。

　唐宋在某传媒公司做企划总监，他在公司深受下属爱戴，原因就在于，他从来不会直接否定和批评下属，反而善用先扬后抑的谈话方式，让下属感受到赞同和尊重，再心悦诚服地改正工作中的问题。

　唐宋在公司会议中遇到和其他同事意见不同或需要否定他人的情况时，一般会这样说："你刚才提的观点很好，我平时就看你在这方面很有创意，但是我觉得，这次如果能够在你刚才的想法上做以下这些调整，效果会更好。"

简单的一句场面话，先肯定了前一位发言者的观点，借机夸奖对方一番，再提出自己的观点，表示如果能够做些调整会更好。这样先表扬后否定，否定之中留面子，自然更容易让他人接受，也能更好地求同存异，让职场对接和会议交流顺利进行下去。

职场交锋遇上观点不同并不麻烦，而否定对方也不一定要直接批评。只要学会欲抑先扬的说话方式，先表示"你的观点不错"，再提出"如果能够这样改或许会更好"，就能避免很多不必要的会议冲突，同时达到自己的目的。毕竟开会不是为了吵架，你要让对方觉得你的出发点是"为了让你好上加好"，那对方还有什么理由跟你杠起来呢？

圆场打得好，人人看得见

开会是职场社交中出镜率最高的场景。一张会议桌上，同事、领导们你方唱罢我登场，双方各执一词、互不相让的情况经常出现，很容易因为某个问题的探讨而陷入僵局，不但影响工作的正常推进，还会破坏同事之间的感情。

俗话说："冲动是魔鬼。"职场会议上的剑拔弩张，并不是因为人与人之间真有什么不可调和的冲突，很多时候不过是与对方立场不同，话赶话说到某个程度，导致情绪冲动，才在一些问题上钻牛角尖，造成双方的对立。这样的时候，只要能有人出面打圆场、岔开话题、转移注意力，为双方的情绪"降温"，让紧张的谈话平静下来，就能破解僵局。所以，如果你够聪明、会说话，能担当起会议桌上的"调和剂"，不但同事会感谢你，领导也能看到你的灵活变通。

小徐在公司会议上就经常充当"调和剂""降温器"的角色。她经常说："大家来上班都是希望把工作做好，既然目标都一样，有问题解决问题就好了嘛！"这样通达和气的品行和说话方式，帮她赢得了公司从上到下的好人缘。

某次部门会议上，产品经理和技术部的两位同事又因为某个新品的优化问题吵了起来。产品经理说客户对新品不满意，提出了新的修改建议，技术部门的同事则表示已经前前后后根据客户的需求修改过很多次了，这次提出的修改需求，技术上实现不了。

双方就各自的立场和需求互不相让，一时间会议室里火药味儿十足。其他同事纷纷禁言，大气也不敢出。

面对僵持不下、面红耳赤的几位同事，负责策划工作的小徐轻拍两下手说道："大家稍等一下，我有个建议，咱们看这样行不行？产品那边再跟客户沟通一下，跟对方谈谈之前一版的优势，看对方能不能让步，技术部这边分析一下客户修改的目的，看看有没有别的方法可以绕过技术门槛，达到客户的需求。咱们也开会研究这么久了，我看不如先吃午饭，下午再继续？"

小徐的一番话打断了双方的争执，产品经理和技术部的两位同事听了小徐的建议，也都缓和下来，同意回去再研究一下解决方案。后来，因为小徐的建议，双方都冷静下来，努力寻找解决对策，终于圆满地解决了这件事。小徐这次打圆场，也让争执的几位同事都对她心存感谢，在后来的工作中给她提供了很多善意的援助。

像小徐这样圆场打得好的人，人人都是看得见的。善于为他人解围，是给他人台阶下，也是给自己攒人缘。

办公室会议中打圆场，不外乎侧面点拨、制造借口、岔开话题等几种常用的方法。

会议中双方僵持不下时，可以用迂回绕道、旁敲侧击的方式，提醒双方保持冷静，重新将讨论点聚焦到问题本身，而非用过激的语言现场互杠。说一些场面话，为双方出谋划策，将针锋相对的观点转为对双方都有利的方向，这时候尴尬的问题就迎刃而解了。而制造借口更适用于争吵双方因为面子问题僵持不下的情况。既然双方碍于面子互相不服，那就用场面话帮双方找个台阶下。换个角度制造借口，用合情合理的解释帮双方找补面子，当事者自然就"就坡下驴"不再争吵了。

最后，如果打圆场实在无计可施，不如岔开话题，让人休息冷静。"事已至此，先吃饭吧！"这样的可爱请求，又有谁能忍心拒绝呢？

用幽默打破僵局，让会议进行下去

在职场会议中，因为各自工作立场不同，经常会面对他人提出的一些无理要求，或者遇到一些让自己不满的事情。一些人处理这种情况，喜欢用发火指责、冷嘲热讽、推卸责任等方式。

然而，职场是一个需要互相理解、各方平衡的环境，说狠话、发脾气并不能解决问题。没有同事会被你会议上的不满与讥讽吓退，不合时宜地嘲讽反而会败坏自己在职场中的形象。所以，遇到会议上的无理要求和不满情绪，我们不妨四两拨千斤，用幽默的场面话打破僵局，表达自己的观点。一句幽默的话不仅能让僵持的会议进行下去，也是提醒对方的好方法。

晏子使楚的故事中，齐国使者晏子在与楚王对话时，就曾用幽默挽回自己的颜面，又话里话外地敲打了楚王，要他尊重齐国。

晏子本人身材矮小，来到楚国觐见楚王时，楚王便在大殿上嘲讽晏子："怎么？难道齐国没人了吗？派你这样矮小的人出使。"晏子处变不惊，说："齐国的大街上人声鼎沸，人多得一举袖子就能遮天蔽日，摩肩接踵而过的人汗如雨下，又怎么会没有人？"

楚王继续挖苦道："既然齐国有那么多人，怎么派你这样的人来做使者呢？"

晏子虽心中不满，但并未发作，反而开玩笑般地回答说："我们齐国有个规矩，派遣什么样的使者，是根据出使什么样的国家来定的。最有本领的人会被派到国君最贤明的国家，最没本事的人则会被派到国君最无能的国家。像我这样在齐国最没出息的人，也就只好来楚国了。"

晏子的一番话夹枪带棒，幽默又不失体面，清楚地传达了自己的意思，让楚王不禁汗颜，后来也不再用语言侮辱晏子了。

这就是幽默场面话的力量。虽然晏子并没有直怼楚王，但是却笑里藏刀，用幽默打破了尴尬局面，还反将一军，轻松地提醒了楚王要尊重自己所代表的齐国，避免了接下来面见楚王时持续被动的局势。

职场中，我们也经常会像晏子一样，遇到类似楚王这种在会议上给你使绊子、给你拆台的人。这时不妨用幽默巧妙化解，及时为自己"补台"，让场面走下去，给自己递"梯子"。

在首届世界互联网大会中，小米创始人雷军就曾遇到过会上被人拆台的情况。当时雷军正激动地表示："5到10年后，小米有机会成为世界第一智能手机公司。"这时，一旁的美国苹果公司副总裁却拆台说："说起来总是容易的，但是做就不那么简单了。"

因为当时会议上有众多在业内实力非凡的公司，雷军这样说确实有些莽撞大胆了。当场被呛的雷军机智作答，马上接道："梦想还是要有的，万一实现了呢？"

一句自我调侃的幽默话语引得在场一片欢笑和掌声，既化解了自己的尴尬，又能让会议顺利地进行下去。

职场中，我们不妨也学学雷军这种幽默感。会议上被人否定、被人呛，无须生气，用玩笑的语气把你的想法传达给对方。比如在会议上，当你觉得对方发言拖沓，浪费大家的时间时，可以这么说："你说这么多，是看外面下雨了，心疼我们，今天不想让大家出这会议室了吧？"

总之，高情商的人善于把自己的意见、不满用幽默的话包装起来。用幽默转化矛盾，用玩笑包裹意见，职场会议自然就能顺顺利利，其乐融融。

有一种高情商，叫"看破不说破"

哲学研究中有这样一个观点：为自身利益撒谎，那是欺骗；为他人利益撒谎，那是诈骗；为了陷害而撒谎，那是造谣中伤。这些都是最坏的撒谎，而对自身和他人都无害亦无利的撒谎，那只是虚构，不算撒谎。

职场生活中我们经常会遇到这样或那样的"谎言"，比如，原本是自己工作失误拖慢进度，却说客户给资料不及时才耽误进度了；原本是自己睡懒觉迟到，却说在路上遇到交通事故；原本提出的需求不能达成，却好大喜功勉强接过任务。很多时候，作为职场"老油条"，我们立刻就能辨别出对方说话的真假，但是我们却不能在公开场合拆穿对方。因为这些谎言或许本身无伤大雅，并不会造成恶劣的后果，但你如果贸然拆穿，不但会让对方下不来台，还容易在职场中留下一个"小人嘴脸"的坏印象，让别人觉得需要时刻提防你。

俗话说："看破不说破。"很多时候面对周围人做出的不妥举动，如果你能适时沉默，或者帮对方"兜着点"，不但能避免伤害别人，还能帮助自己维持良好的人际关系，让别人心里记得你的好。

在广告公司工作的小王对自己的专业能力十分自信，认为没有自己搞不定的客户。某次公司接了一个长期合作的广告项目，客户对广告成品的质量要求很高，而且工作量较大，工期很短。小王被安排接手这个项目，他日夜赶工，却还是力不从心，上交的方案始终不能让客户满意，严重地延误了进度。但是小王急于证明自己的能力，又不想把这么好的项目让给其他人，于是隐瞒困难，不向别人求助，最后险些导致客户退单，让公司失去这笔大生意。

部门总结会议上，领导语重心长地说："咱们部门是一个团体，讲究的是团结，成败不在于某个人是不是能力超群，需要咱们整个团队能一起把事情做好。还好这次的项目还有补救的余地，我希望在接下来加班赶进度的过程中，大家要记住这点：一意孤勇地冒进，并不能获得别人的欣赏，团结合作，把团队的成功当作自己的成功，才能让我们不断超越，做出更好的作品。"

小王听完会议上领导的一席话之后，意识到自己自负冒进的错误，私下惭愧地向领导和同事们道歉，并把自己项目上遇到的困难说给大家听，最终才在众人的积极配合下完成了这个项目。

领导在会议上的一番话就是"看破不说破"，既给骨干员工小王留了面子，又提醒了部门员工要团结协作，共同进退才能成功。如果这位领导直接批评小王，拆穿小王好大喜功，导致公司利益受损的问题，不但容易激化矛盾，也会让小王在众人面前下不来台，在以后的工作中难以和大家相处。

由此可见，职场中高情商的人不会随便给别人"拆台"。当你发现同事、领导的"小九九"和谎言时，要做到"心中有数，嘴上有门"，不要急于站出来揭穿对方。相反，你可以站在对方的角度，理解对方的困难，在场面话中不着痕迹地提醒对方，用客套话让对方心里意识到他存在的错误，用有技巧的提示让对方明白适可而止、如何补救。这样不揭穿对方，是职场社交中的礼貌，也是显示你个人修养的机会。而且能帮别人圆一些无伤大雅的小谎言，避免拆穿对方所带来的伤害，对方也会在心里记得你的好。

职场人际网，山水有相逢，也许下一次就换成对方给你"递梯子"，帮你兜底圆谎，"救你一命"了。

随机应变，见缝插针地发言

俗话说："水深则流缓，语迟则人贵。"讲的是水越深，流速就会越缓慢，即使水面风浪大起，深水处也会保持缓慢的流速。而一个有内涵的人，说话会更加稳重，不会因为情绪或思想的变化而在语言中表现出来，遇到事情也会深思熟虑后再说。

身在职场中，我们也要深谙贵人语迟的道理。不必急于在别人说话时表达自己的意见，反而要做那个在关键节点一语中的、发言有分量的人。尤其在会议发言等重要的场合，说得多不如说得巧。你若能随机应变，见缝插针，自然能够获得他人的欣赏与好感。

一次会议上，几位领导因为一些新产品的市场推广可行性争执得不可开交。大家各执一词，各有观点，谁也不服谁。

一位领导从市场上同类产品空白角度做了很多分析，希望说服其他几位。这时候，某位一直没怎么发言的领导觉得，现在的讨论方向已经跑题了，大家争论的重点变成了到底应该听谁的意见。于是等前者陈述完，他忽然接道："你刚才的分析很有道理，可新品市场空白虽然是机会，但其中存在的市场风险也不容忽视。所以，我们为什么不换个思路，把刚才的几条建议融合一下，选择一个风险更低的折中方案呢？"

被这位领导插话提醒，其他几位领导冷静思考，确实开会的目的是协商出一个利益最大化的方案，又不是东风压倒西风的辩论，没必要如此激动。于是，大家纷纷赞同这位插话的领导提出的建议，转换思路来推进会议，最终探讨出折中的策略。

职场纵横捭阖，并非占据绝对领导力和话语权的人才能收获别人的肯定与青睐，如果我们能像上面例子里这位领导一样，把话说到关键处，找准时机打断别人的话，收拾乱局，解决问题，做场面中始终保持清醒的人，那即使少言寡语，也能收获他人的感谢与好感。

职场交流中，每个人都希望表达出自己的意愿，亮出自己的观点，但是我们一定要学会判断时机、找准场合，明白什么时候适合打断别人的话，什么时候适合发表自己的意见，什么时候适合接下话头做总结或者打圆场。

比如，在同事津津有味地发表自己意见的时候，我们就要做好倾听者，切不可在别人说到兴头时去打断对方，那样既是对他人的不尊重，也会让人产生厌恶情绪。

如果别人已经长篇大论很久，谈话气氛冷淡下来，在场的其他人也隐约有厌倦的感觉时，这就是你见缝插针表达观点的好时机。可以用一句"嗯，我觉得你说得挺好，但请允许我补充一点"，然后自然地插入自己的意见。这样既不会让说话被打断者觉得突兀，又可以利用你的发言调节场面气氛，重新聚焦其他人的注意力，获得领导和同事的关注。

另外，如果在职场会议或交谈中，遇到需要立刻插话表达观点的时候，也不必紧张，你可以先给对方打个招呼，表示"对不起，但还是想打断一下，这里我认为……"，然后尽量言简意赅地表达自己的意见，再把谈话棒转回对方。这些都是让你的发言有分量、不拖沓、赢得他人好感的有效办法。

总之，职场说话讲时机。见缝插针发言要注意随机应变，既照顾别人的感受，又能言简意赅总结陈述，这样才能让你的发言有分量。

忠言不必逆耳，直话可以婉说

职场社交中想要处处受人欢迎，就要记住时刻给人留面子、送台阶。毕竟人无完人，即使再优秀的人也不能时时刻刻做到尽善尽美，总会有出现纰漏的时候。如果在他人陷入困境时你能雪中送炭，势必会在对方心中种下好感的种子，让对方对你青眼相待。

然而，一些人在职场会议中为了显示自己的能力和才干，热衷于对领导或者其他人"直言进谏"，急于纠正他人的错误，表达自己的观点，还自以为是他人的"指路明灯"，殊不知已经悄悄得罪了人。

难道职场中发现他人问题，就要为了不得罪人而作壁上观吗？

当然不是。对工作有责任心，敢于对他人提出忠告是正能量、好品质。如果不想让自己的意见石沉大海，或者遭到他人的白眼冷待，我们就要注意在职场会议、工作对接等场合给他人提建议的方式，注意用好场面话让对方接受你的观点。毕竟忠言未必一定要逆耳，直话也可以婉说。

战国初期，齐国国相邹忌在对领导谏忠言时就自有一番技巧，不但能让齐威王认同他的观点，心悦诚服地改正自身问题，同时还能赢得齐威王的赞赏。

身为齐国国相的邹忌十分具有职业责任感，每次在治理国事方面有新想法，都会及时进谏给齐威王。某日，邹忌与妻妾和客人对话时询问："我和城北的徐公谁更美？"虽然城北徐公是齐国有名的美男子，但妻妾和客人各自都有偏私的立场，便都说邹忌更美。

邹忌当下便受到了启发，立刻上朝面见了齐威王，讲述了这件生活中的小事。邹忌说："臣知道自己不如徐公美，但是我的妻子偏爱我，我的小妾怕我，我的客人对我有事相求，就都说我比徐公美。您如今治理这么大的齐国，国土幅员千里，城池有一百二十座那么多，您身边的人对您都偏爱有加，朝廷上的人又都畏惧您的威严，四海之内又都是有求于您的人。您所处的环境和我是如此相像。可见您受到的蒙蔽也是非常厉害的。"

齐威王听了邹忌的谏言，仔细思考确实是这么回事。于是他下令全国上下官员和百姓，能直言指出自己的过错者，就论功行赏。这一创举让齐国一片海晏河清。

邹忌谏言的根本目的是希望齐威王不要偏听偏信，要广纳谏言，做个开明的君主，但他却没有选择直接指出齐威王的不足，反而用自己的境遇与齐威王做类比，迂回、委婉地提醒齐威王有被蒙蔽的风险。这样提意见既能避免齐威王产生抵触心理，又能让对方自然而然地接受建议。这对今天我们在职场上谏言，也是具有借鉴意义的。

行走职场，无论是会议讨论，还是部门对接，人人都希望维护自己在专业、职位、领导力上的权威性。如果我们不顾场合生硬地指出对方的不足，势必会造成对方的抵触和厌恶。

所以，当你在各类公司会议和工作对接中，想表达自己的好意给对方提意见时，不妨将意见和想法用委婉的方式提出来，将意见转化为建议，用类比和共情的方式暗示对方，用"糖衣"场面话将"忠言"包裹起来。如果是对领导说忠言，就用诚恳的态度、温和的语言去表达，可以用开玩笑的方式，让对方心里更舒服地接受你的意见。如果是对平级的同事进行提醒和劝导，可以先用场面话恭维对方，改变对方对你的抵触情绪，再表现出推心置腹、站在对方角度考虑的样子，说出你的建议。这样委婉、诚恳地建议，更容易让别人相信这些都是你的由衷之言，也更能让人耐心接受，又不对你产生反感。

第八章

谈判不必针锋相对，
会说话让你掌控主导权

谈判桌上，我们经常会与对方意见不合、存在矛盾，很多人处在这样的场面中，难免剑拔弩张、气愤难平。而好的谈判并非一定要针锋相对，只要你能说好谈判桌上的场面话，温和细语照样掷地有声，谈笑从容也能处处占主导地位，使你在谈判中立于不败之地。

开局无赘言，让沟通更有力量

谈判桌上的场面话是社交场面话中非常重要的一个类型，在生意场合、外交场合等重要环境下都能发挥出关键的作用。或许有人会问，我们作为普通职员，既不需要在生意场上杀伐决断，又不需要在外交场合纵横捭阖，掌握谈判桌上的场面话技巧有什么用呢？

其实在我们的生活中，谈判处处存在。所谓谈判，不仅仅局限于官方场合。谈判的最终目的是为对局中的我们争取更多利益，让对方多让步，自己少退步。我们和领导谈加薪，和房东谈房租，和客户谈合作，都是谈判的一种形式。所以，生活中处处有谈判，会说谈判场面话，你才能在人际交往中少吃亏，多获益。

谈判桌上的场面话和其他社交场面话一样，开场白很关键。一段好的谈判开场白不仅能给对手留下良好的第一印象，同时也影响着对方对你的认知和评判。开场白好不好，决定了你有没有机会将一场谈判继续下去。在谈判开局减少冗余的话语，有逻辑性地讲出开场白，明确自己的目的，才能让你在谈判中的语言显得更有力量，在接下来的谈话中占得先机。

小吴是某电子公司的销售人员，经常获得公司销售冠军，这让很多同事都佩服他的销售能力。其实，这样好的业绩全有赖于小吴在商务谈判中的丰富经验，每次见客户，他都有一套自己的场面话套路，让形形色色的客户都愿意给他机会，继续谈下去。

联系客户时，小吴一般会先主动打电话问候客户，跟对方约定见面时间。等到见面时，他一般会这样开场："刘总，您好！您贵人事忙，今天能有空见我，真是太感谢了！刚才在会客室等着的时候，我心里就想着，您这办公楼、这环境，真气派，不愧是行业里知名的大企业，那些一般的企业跟您这儿还真是没法比。初次见面，这是我的名片，您多指教。据我了解，刘总您的公司最近正想购入一批新的电子设备，并且已经询问了一些企业。正好我们公司销售一批新设备，从专利技术、器材质量到产品成本，都处于业内高端水准。不知您之前对我们公司的设备有了解吗？我今天来，就是想和您简单地交流一下，看看咱们有没有合作的可能？"

这一段开场白中，小吴先是寒暄、打招呼，用赞美的话抬高刘总和刘总的公司，再礼貌地递出名片，让对方对自己有初步了解。随后道明来意，并简单地提出自己所代表的公司具备的优势，最后以问句结束，给对方将话题继续下去的机会。一段谈判场面话既包含了初次见面的客气问候，又言简意赅地表明来意，并以疑问结尾，引导对方接话。短短几句就把握住谈判的先机，吸引住对手的谈话注意力，十分值得我们学习。小吴的这种方式同时也适用于其他社交场景。

如果你对社交中的谈判一筹莫展，不妨向小吴学学。首先，问候寒暄，初步认识；其次，用对方关心的问题引起对方的关注和好奇，比如可以谈谈你们共同熟悉的第三方，让对方意识到你们的联系，也可以谈谈其他的竞争对手，激发对方的探究心理，或者用你能获取的数据、资源等更多事实证据吸引对方的注意力；最后，在谈判开场白中，一定要注意用问题结尾，给对方说话的机会，这样你们的谈话才能进行下去。

总之，谈判桌上的场面话，关键在开局无赘言，吸引注意力。你用越短的时间清晰地表达自己的观点，引起对方的兴趣，你谈判的成功率就越高。

巧妙引入话题，把握谈判的主导权

中国文化源远流长、触类旁通，我们日常生活中无论是待人接物，还是言谈举止，都有其背后深厚的文化底蕴为依托。就中国的《诗经》而言，其文学表现手法就强调"赋比兴"。"赋"为铺陈、直叙，"比"是类比、比喻，而"兴"则关注用其他事物作为诗歌的发端，引起接下来要歌咏的内容，其目的是增强诗歌的感染力和韵味。这种抛砖引玉的方式不但在中国古典文学中大有作用，对我们今天的社交谈判也有借鉴意义。

在谈判场面中，双方除了自我介绍，还需要一个话头引出谈判内容，让谈判能够顺利开启。直入主题显得突兀，且不利于双方情感互动，这时候如果能先聊一个话题，给接下来的正题"暖场"，待到感情沟通到一定程度再进行谈判主题，则能取得更好的效果。

宋朝开国皇帝赵匡胤在谈判"暖场"、引入话题等方面就自有一套策略，这样的谈判场面话技能帮他成功地把握了谈判的主导权，为其杯酒释兵权的成功做了良好铺垫。

赵匡胤是历史上善良又重情义的皇帝。因为他有情有义，当初和他一起打江山的兄弟们，手里都多少有些兵权。但夺得江山后，身居高位的赵匡胤和其他帝王一样，开始担心自己的江山会再被其他人抢走。所以这些手握兵权的兄弟们就逐渐成了赵匡胤的一块心病，他既不想损害兄弟情谊，又想把兵权收回来。

于是，某天赵匡胤就举办了一场热热闹闹的宴会。宴会上，他先是趁着大家举杯畅饮的时候念叨："我自从当了这个皇帝，一天也没睡过好觉啊。"在场众人很意外，纷纷问道："陛下，您都是万人之上的大宋皇帝了，还有什么忧心顾虑的事情呢？"

赵匡胤沉吟道："咱们都是甘苦与共的兄弟，我知道你们不会背叛我，但难保将来不会有人挑拨离间，或用性命威胁你们，逼迫你们伤害我，我怕有人糊涂啊。"

闻言，众人纷纷磕头表忠心，更有人提出，希望赵匡胤能指条明路。赵匡胤顺水推舟说道："过去你们为我在战场拼命，如今得享太平，我希望你们能为自己而活。交出兵权，享受人生，我们之间的情谊也永远不变。"随后众人纷纷同意，赵匡胤杯酒释兵权圆满成功。

本来是一场可能会剑拔弩张的危险谈判，赵匡胤却由自己"失眠"的话题巧妙地引到交还兵权上。一番场面话，先预热谈论多年情义，再权衡利弊引导众人交回兵权，言语之间，权情兼顾，可谓谈判桌上的高手。

今天的谈判桌上，我们不妨也学学赵匡胤的场面话技巧，选好"暖场"话题，给自己的谈判奠定一个良好的基础。

结合你的谈判目的和内容，"暖场"话题可以选择时事新闻、衣食住行、娱乐活动、旅游见闻、环境气候、热点名人等。这些内容并不是谈判的主旨，有了这些场面话的预热，能够拉近谈判双方的情感，营造一个和谐友善的谈判氛围。同时，预热话题选得好，也能起到暗示、引导的作用，把谈话的主动权掌握在自己手里。从你起头的话题引入你想谈论的问题，让对方跟着你的节奏走，这样占据主动优势的场面话技巧，自然能给你的谈判加分，让你在获取对方好感的同时，为谈判桌上的自己创造更多出击的机会。

环环相扣，步步为营，场面话为谈判铺路

谈判不仅是一场语言的游戏，更是一场策略的战争。大到国家外交、商场生意，小到工作权益争取、升职加薪，都需要我们掌握谈判中的说话技巧，才能最终达成目的。

谈判场面话和一般人际交往中的场面话略有区别，不仅要拿捏人情世故，掌握好语言的分寸，还要掌握一定的场面话套路。环环相扣做局，步步为营说话，一步步用场面话为谈判铺路，将对方引进你预设的圈套中，让对方与你意见一致并对你心悦诚服，才是谈判中的上策。

著名武侠小说家金庸先生除了在小说谋篇布局上手段高明，在日常与员工斗智斗勇谈薪酬方面也是一把好手。在与各位作者周旋稿酬的故事中，我们就能感受到说好场面话对谈判的重要性。

20世纪60年代，金庸创办的《明报》逐步走入正轨，拥有众多读者。当时很多作者更以能在《明报》上写专栏为荣，但金庸给出的低价稿费还是让众多作者头疼。

一次朋友聚会中，作为金庸的朋友兼报社作者的倪匡，借着酒兴吵着说："查良镛（金庸的本名），以前《明报》艰难，你给的稿费低，我体谅你。现在报纸挣钱了，你是不是该涨稿费啊！"

金庸笑着答应了倪匡，但倪匡后来一看，发现金庸居然只涨了5%的稿费，于是便又去找金庸吵。

金庸面对电话里吵闹的倪匡，说："我给你写信吧，你不要吵，咱们信里好好说。"随后，金庸就真的给倪匡写了洋洋洒洒一大篇书信，列了十几条不能再涨稿费的理由，摆事实讲道理，说《明报》如何开销大，经济如何不景气等。

倪匡作为职业作家，常标榜自己一字千金，认为写信没有稿酬是在浪费文字，便也不再吵闹加稿费了。

金庸一封信就搞定了吵闹的倪匡，把对方想加稿费的事情挡了回去，用的就是环环相扣、步步为营的谈判技巧。先是痛快作答，承诺加稿费，显示自己的诚意。随后在倪匡不满加幅时，又抓住老朋友倪匡惜字如金、不爱写信的特点，用写信的方式与对方沟通，把自己不善言辞的劣势转为以文字劝服对方的优势。最后用事实说话，列举十几条道理与难处，有理有据地引起朋友的共情和理解。这样一套谈判组合拳打下来，倪匡最后同意其决定，也是意料之中。

社交谈判中，我们不妨也学学金庸先生这样用场面话设置陷阱，说话步步为营的谈判方式。

首先，谈判中可以先对自己的预期和对方的接受度有个规划和预判。可以先大方让一小步，让对方感受到你的诚意和态度，这样更容易引诱对方走进你预设的圈套中。其次，要牵着对方走，而不是被对方牵制。将对话引到适合自己的谈话节奏中，为自己赢得优势。这一过程中，如果谈话节奏不受你掌控，你可以在不引起对方厌恶的基础上，用一些小插曲适当地打断对方，给自己找机会，重新掌握话语权和谈判的节奏。最后，谈判切不可贪快，你可以一条一条地讲道理，循序渐进地陈述你的问题和方案，让对方在不知不觉间陷入由你的问题和答案编织的"陷阱"中，让对方找不到反驳你的理由，最后顺理成章地取得谈判的胜利。

这样环环相扣、步步为营的谈判方式，就是用场面话中引诱对方的"蜜糖"和"软刀子"，让对方在没有意识到危险和失利中，就渐渐陷入你的布局之中。而你最后的谈判成功，与之前每句话的引导和铺垫都密不可分。

以退为进，迷惑对方的判断

谈判桌上，我们经常会面临一些被动或者陷入僵局的情况。有时是自身占据不利条件，导致谈判步步受到牵制，有时是双方各不相让，难以达成一致。无论是哪种情况，都会让谈判双方陷入消极情绪，不但让谈判者自尊心受挫，还影响谈判效率。所以，一旦谈判中出现僵局，且我方占据不利条件，不妨采用以退为进的方式打破僵局。用放低、服软的态度迷惑对方，让对方在不知不觉间被引向对你有利的一面。这样表面看是退让，实际上是求进。

纵观中国历史，像这样以退为进化解谈判危机的例子不胜枚举。汉高祖刘邦作为"草根"出身的皇帝，在身世背景、自身能力等方面都不如项羽的情况下，最后能反败为胜，开启大汉伟业，与他在谈判中善于以退为进、迷惑对方是密不可分的。

据记载，项羽称王后对刘邦一直杀心不减，只是找不到合适的理由。而刘邦也深知自己岌岌可危，所以在任何场合下，与项羽的对话都谨小慎微。

某次，项羽身边的谋士范增又给项羽出主意，说："我认为想杀刘邦其实不难，等今天刘邦上朝，您就问他愿不愿意受封去南郑。如果他拒绝，到时候就可以违抗王命的理由诛杀他，而如果他同意，那更好办，可以说他有谋反之心，想去南郑养精蓄锐，伺机叛乱，照样可以名正言顺地斩了他。"

项羽觉得范增的主意很好，于是待刘邦上殿，就按照事先商量好的路数和刘邦谈受封去南郑之事。

没想到刘邦不按套路出牌，既没直接回答去，也没回答不去，反而摆出一副任凭处置的样子，说道："我接受大王您的俸禄，就是把命交给您了。我就像您胯下的坐骑，您挥鞭我就向前行走，您收辔我就立刻停止。我对您是唯命是听。"

刘邦这样一番说辞，让项羽顿时无可奈何，只好说："你要是听我的，那就别去南郑了。"刘邦遵旨，项羽根本找不到杀刘邦的借口。

以上刘邦和项羽这场是否受封去南郑的谈话，就是一场以退为进、明哲保身的巧妙谈判。谈判的核心问题是"去还是不去"，而刘邦在这场谈判中处于绝对弱势的地位，他深知无论选择去还是不去，都是死路一条。于是，他当机立断，以退为进，转移问题的关键，把自己选择去还是不去，转变为项羽想不想让自己去，将选择权抛回给项羽。这样看似俯首退让，实际上却是在迷惑对方，让对方相信自己的忠心，进而为自己赢得了生机。

在谈判中，当处于劣势时，可以学学刘邦的以退为进，避免用"是、否"这样具有绝对含义的作答，因为一旦回答错误，可能会堵死自己的退路。而把不利于自己的问题抛回给对方，用"退"换取牵制对方的机会，才是真正的高明之举。

如果是双方势均力敌、针锋相对的谈判局面，则可以选择更强硬的说话方式，比如："我认为刚才的谈话已经表示出我们的诚意了，如果您还是寸步不让、步步紧逼的话，我想这件事可能要无限期地搁置下去了。对不起，我还有其他事情要忙，您还是请回，再考虑一下吧。"这样表面上放弃谈判，准备鱼死网破的场面话，实际上是用撤退的姿态逼一下对方，如果你手中有对方难以获得的稀缺资源或者主动权，这种虚张声势的退让会更有效果。毕竟任何参与谈判的人都不想反复谈判下来，最后落得一场空，而一定会选择稍作退让，促成最终目的。

所以，如果你在社交谈判中陷入被动僵持，不妨选择退让一时，这样可以为你换取更长远的进攻。场面话上审时度势懂得让步的人才能成为最终的赢家。

以情动人，善用共情心理

《鬼谷子》中有这样一句话："说者听，必合于情，情合者听。"讲的是在人际交往中，我们想和人顺利交流，就要和对方情投意合，在产生感情共鸣的基础上，适当运用一些道理，这样才会达到事半功倍的沟通效果。

谈判作为人类交际中一项十分复杂的社交行为，包含谈判双方在语言、心理、行动上的多方面互动，体现的是人作为利益综合体对自身利益的争取。所以，若想促成一场谈判的成功，双方在语言、心理、行动上都需要达成共识。所谓擒贼先擒王，攻人先攻心，我们如果能用语言去渗透，先从心理上打动对方，获得对方的理解与共情，谈判之事也就成了一半。

心学大师王阳明在以情动人、攻心谈判方面就特别有经验。他曾经收编一伙土匪并使其顺服的例子，就很值得我们借鉴。

明朝时期，江西匪患猖獗，然而很多人沦为土匪，其实也并非穷凶极恶，而是因为环境艰苦，被生活所迫。当时王阳明在江西赣州当官，就曾将一伙土匪收编充军。这伙土匪虽然被收编，但是朝廷军粮下发延缓，士兵们吃不到足够的粮食和肉，便不服管教。某日，这群新收编的士兵因为食物短缺，既嘴馋，又战斗力不足，实在忍不住了，就去山下农户那里抢回十几只羊，做全羊宴解馋。

王阳明知道后十分生气，找土匪头子谈话，要求他们向村民道歉，并进行赔偿，他说："今天你们必须给山下村民们一个交代，否则就军法处置。"土匪们哪里受过这种教训，还让他们去道歉，更是不可能。但听到军法处置，还是有一定威慑力的，所以这土匪头子心里耍横，嘴上却不得不答应。王阳明又问："你们把羊吃光了，想怎么赔呢？"土匪头子沉默不语。见对方这样，王阳明拿出十两银子说："这是我这个月的俸禄，本想留给父母做过冬的衣服，现在你先拿去吧。村民们都过得不容易，好好向人家道歉。"

土匪见王阳明慷慨相助，既心系百姓，又孝顺长辈，还这么帮他们，便心悦诚服，去村民那里道歉，并承诺以后遵守军纪，再不惹事。

王阳明与这群不服管教的土匪们的谈判，本来是一件棘手的事情，但是他却使用了软硬兼施的处理方式。先搬军纪讲道理，再以情动人，利用土匪们的共情心理打动对方，让对方觉得自己有人情味，是真正为他们考虑的，于是心甘情愿地顺从他，这样抓住动情点说出的话自然分外有力。

生活中在和别人谈判时，想促成双方意见一致，不妨也在分析利弊、陈述现状之外，试着用真情打动对方，用共情心理激发共鸣，这或许能让对方快速同意你的观点。

软硬兼施、以情动人的场面话的关键，是让对方看到"软、硬"两种局面的对比。有对比之后，两相权衡取其轻，再加上对对方心理和情感上的煽动，就能让对方快速选择你想让他接受的那个条件。

比如，当你在与别人谈判遇到障碍时，可以先用事实、道理、数据等信息让对方明白当前的客观状态，然后再进入煽情环节，可以问问对方"我是真想跟你好好谈谈，解决好这件事，你难道不想解决吗？"或者转而谈论与谈判相关的、你们双方情感上能够产生共鸣的观点，让对方感觉到你的友善、诚恳，能和你推心置腹，共同进入到谈话的氛围中，这样合情合理地谈判，自然能够快速达成共识，促成你们之间的合作。

所以，谈判场面话应以事实为基，攻心为上，巧妙利用共情点，这样我们才能在谈判桌上无往不利，大杀四方。

以理服人，用实力做底牌

谈判桌上打感情牌和策略牌，都是求进求胜的有效方法。除了谈话技巧之外，运用客观事实展现自己的实力，以理服人地说服对方，往往更能让你的谈判处于不败之地。

谈判中意见不同、各执一词是时常发生的，你若想证明自己的观点，就要用证据说服对方。事实胜于雄辩，用"硬核"实力做底牌，既能赢得对方的信任，又能让你有理有据地打动对方，取得谈判的最终胜利。以理服人的谈判中，情商高的人擅长用数据来说话。

李勋是一名电器公司的销售，最近接到一家公司采购经理的投诉。这位经理投诉李勋卖给他的电机有质量问题，使用过程中温度过高，有安全隐患。这位经理上门找到李勋后，气愤地嚷嚷道："你卖给我们公司的电机一定是质量不合格的产品，开机没多长时间就热得烫手，这多不正常，我们公司要求退货赔偿！"

面对这位采购经理的投诉，李勋先安抚对方情绪，答应帮其解决问题，然后耐心地询问具体情况，他心平气和地问："王经理，我认同您的观点，如果电机工作中热度过高，确实有理由投诉，您是想把电机都退回是吗？"

王经理肯定地回答："当然了！"

李勋又问："咱们都知道，电机发热是正常现象，只有超过热度标准才不正常，您说的'烫手'，到底是什么程度呢？我们这批电机产品按照检测合格标准，工作时机身温度可以高于室温75℃，这个范围都是合规的，请问您公司使用电机的室温是多少度呢？"

王经理想了想回答："我们车间的温度大概是50℃，但是你的电机确实过烫。"

李勋又解释说："王经理，您看，你们车间温度大约50℃，再高出75℃，就是125℃，这个温度你用手来试触，当然会烫。不过，这根本不是我们电机的问题。我这边建议您以后工作注意安全，避免手触电机。对机器日常使用而言，这个温度范围是完全正常的，不需要担心。"

最后这位王经理了解到电机温度确实没问题，才打消了退货的想法。

李勋有别于其他高情商的"谈判高手"，没有选用情感牌打动他人，或者用委曲求全的迂回战术促成谈判目标，而是选用数据这样的客观事实，用绝对的道理让自己在谈判中立于不败之地。这种用事实说话的谈判方式在我们日常社交沟通中也十分奏效。

任何时候，我们说明一件事情，只凭借主观臆断或感情用事都是不够准确的。职场、官场、生意场等大场面中，想要用场面话促成谈判成功，就必须摒弃主观情感造成的失误判断。当谈判双方存在分歧时，如果你能用过硬的实力、确凿的证据来佐证你的观点，摆出不容辩驳的事实，不仅能避免谈判中的争执，还能让对方对你刮目相看，选择信任和认同你的观点。

我的朋友小月在和老板谈加薪时，就会选择以理服人，用数据和事实为自己争取薪水。

她谈加薪从来不用卖惨哭穷的招数，毕竟企业不是做公益，一个人的薪酬取决于他的价值和贡献。所以，小月每次和老板谈升职加薪，都会将她在近一段时间完成的项目、谈成的合作等工作做一份总结报告，用工作业绩作为自己的筹码去找老板谈。凭借这些条分缕析可验证的真实力，小月的升职加薪之路也总是比较顺利。

所以，可验证的事实是谈判桌上最好的筹码。你的场面话中如果能够提供这样的客观事实，待对方验证后，你的实力就不言自明，你所谈的内容也就更加具有说服力。

第九章

巧妙拒绝不伤和气，委婉反驳不减情分

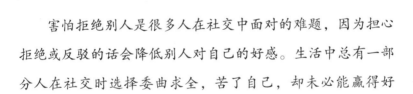

　　害怕拒绝别人是很多人在社交中面对的难题，因为担心拒绝或反驳的话会降低别人对自己的好感。生活中总有一部分人在社交时选择委曲求全，苦了自己，却未必能赢得好人缘。

　　社交有原则，说"不"有技巧。人际交往中，一味地做"老好人"并不可取。只要你学会巧妙委婉地说好场面话，拒绝照样能不伤和气，反驳也能不减情分。

中式幽默，化解拒绝的尴尬

曾有心理学家研究指出，人产生攻击性的行为，与其欲望得不到满足有一定关系。如果你在某些场合明确地拒绝别人，很可能会导致对方因为请求被驳回而恼羞成怒。它不但会伤害别人的面子，还会损害别人对你的印象，使双方产生隔阂。所以，很多成功的人都善于用场面话去拒绝别人，而在场面话中添加幽默成分，则能更自然地化解掉拒绝他人的尴尬。

说到幽默，中式幽默和西式幽默有很大区别。西式幽默更擅长用夸张的方式直接展示；中式幽默则继承中国文化的内涵，更为保守内敛，倾向于自我调侃、突然转折，制造余味悠长的笑料。将这种中式幽默运用到拒绝别人的场面话中，也别有一番滋味。回顾历史，很多文化名人在拒绝别人时，都喜欢用一点中式幽默来化解尴尬，这让他们的拒绝从容自然，又带着一份体谅他人的善意。

写过《我与地坛》《务虚笔记》等作品的著名作家史铁生，就曾写过一张幽默的"来客须知"来委婉地拒绝访客。

史铁生曾经跟好友徐晓说过，他很怕听见敲门声，而且看到来人就想哭。让大作家史铁生如此"社恐"的主要原因是他觉得，陌生人来访，他的写作时间就会被剥夺，而因为他双腿残疾，又不能像健康人那样走开。不能选择受访者，也不能拒绝跑开，让史铁生很苦恼。于是他就写了一张"来客须知"贴在自家门上，调侃地说："史铁生不接受任何记者采访；史铁生听到有人叫他老师就想睡觉。他谈话时间长了会气短，气短就会发烧、失眠，发烧、失眠就可能一命呜呼。史铁生还想多活几年，看看大好日子。"

这样一段中式幽默的自我调侃，既拒绝了访客，又不至于让对方因为被拒绝而尴尬，反而觉得史铁生既有趣又可爱。一般抱着善心前来的访客，对于其难处都能理解，也就自然止步，不去打扰了。

生活中我们也会遇到类似上面这样的困境。拒绝别人对双方而言，也许都是一件遗憾的事，但是有些拒绝，我们出于为自身利益、原则、心理等原因考虑，又无法回避，那就不妨像史铁生这样以幽默的方式告诉别人。

在场面话中用中式幽默拒绝别人，要记住以下两个要点：一来避免调侃挖苦对方，你拒绝的意图已经让对方失望，如果开玩笑时再以对方为调侃角色，那就不是幽默而是嘴欠，必然会失去朋友；二来即使是幽默拒绝他人，也要把理由说得既在情理之中，又在意料之外，用夸张和转折来制造幽默感，而避免说一些明显能看出是敷衍的、不着边际的话。

在拒绝的场面话中加点中式幽默，既能避免别人因为被拒绝而下不来台，又能帮助我们坚持自己的原则。在幽默的氛围中交流，还能在对方心中留下你为人处世豁达大度的印象。可见，幽默是帮我们化解因拒绝别人而产生尴尬的有力武器，希望每个人都能用好它。

含蓄暗示，让拒绝更得体

如今的社交中，年轻一代更喜欢坚持原则"做自己"。不平则鸣，不公则怒，多数时候"不惯着"别人，更倾向于开门见山地表达自己的反驳和拒绝。

虽然这种干脆直爽的为人处世方式受到很多人欣赏，但我们也要认识到，社交中的拒绝和反驳，犹如对他人当头倒一盆冷水，分寸不当，势必会使人难堪、受伤。而直爽也并不是任何场合都适用的说话方式。有时候，含蓄得体地拒绝和反驳别人，除了是对他人面子的照顾，也是自身高素质的体现，能让我们的人际交往之路更加通畅。

所以，从利人利己的角度来讲，你在社交中不必展露你的直爽。反驳和拒绝他人时，能用含蓄的暗示让对方明白你的意思又不伤害对方，才是高明的社交方式。

民国时期有一位知名作家，就是一个坚持原则的人。在他的职业生涯中，曾经遇到一些出版社编辑对他提出很多不合理的要求。坚持原则的他经常会用含蓄暗示的场面话去拒绝对方，既不会伤害对方的面子，又能明确表达自己拒绝的态度，让对方即使被反驳，也不会产生反感。

某次，一位编辑为帮报社节约开支，便想降低这位作家的稿酬。编辑劝这位作家："咱们也合作这么久了，你看结算稿费的时候，能不能不把标点符号计算在内，反正你写标点又不辛苦，报社这边最近经济压力实在很大。"

这位作家当时生活也很拮据，难以接受降低稿费的要求。但和这位编辑长期合作，他看在以往合作的情面上，不好意思直接反驳对方，便采取了下面的做法。

这位作家先佯装答应，随后在下次交稿时就真的不将标点算作稿费了，因为他压根没写标点。交稿时，这位作家一副"我都是为你考虑"的表情跟编辑说："上次你说标点不算字数，我都记得了。知道你看标点也辛苦，这次稿件都是按你要求写的。"

编辑一看通篇没有标点的稿子，一时有些头大，又觉得好笑，便笑着说："好好好，不跟你讲价了，稿费照旧好了吧，快把这篇拿回去改好吧。"

一方面是多年合作的交情，一方面是自己对稿费的需要，哪边都不想折损。所以，这位作家就选择了含蓄的暗示方式。用一篇没有标点的稿子，一段"你说的对，我照办"的场面话，含蓄地让对方知道自己的拒绝之意，既避免了拒绝对方的尴尬和不快，又维护了自己的利益，同时还带着老朋友之间的玩笑与包容。

生活中，我们总会面对别人大大小小的要求，为了不让自己所处的局面"雪上加霜"，我们需要学会用含蓄暗示，不伤和气地拒绝对方。

如果你遇到不合理的要求，想要反驳和拒绝时，可以先仔细倾听对方的意见和要求，让对方把想法讲清楚，这样你能给别人留下你接纳并尊重对方的感觉。然后，当你选择反驳或拒绝对方时，一方面可以从对方的立场出发，针对对方的需求提出一些建议，暗示对方你要拒绝他，由于你的建议，对方还是会觉得你在帮他，内心仍会对你存有感激。另一方面可以针对对方的要求，搬出客观理由，表示自己爱莫能助，让对方知难而退，这也是含蓄暗示、得体拒绝的有效方法。

所以，一味地做"老好人"，有时并不能让你在社交中获得更多友谊和人脉，反而是婉转得体地拒绝，既能让你保全自己的利益，又不会影响你与他人的和睦相处。

沉默的回答，此时无声胜有声

中国文化中有一种根深蒂固的精神，谓之"侠"。无论居庙堂之高，还是处江湖之远，身处不同环境下的中国人，总是有一股古道热肠、乐善好施的侠义精神。这样的精神文化内涵既让中国人很容易广交好友，同时又导致一些人不习惯拒绝别人，进而产生很多不必要的烦恼。

当今社会，我们都身处庞杂的人际网中，即使我们家财万贯、菩萨心肠，也不可能对身边所有人都"有求必应"，总有一些不合理的请求或违背心意的事情需要我们去拒绝。所以，拒绝别人并不是罪过，只要掌握好分寸，拒绝时不伤害对方的自尊，即使表达了反对意见，也依然能和对方继续做朋友。

那么，如何既保护对方颜面，又减少自己的麻烦，还能体面地拒绝别人呢？用沉默的回复，让答案在等待中消失，不失为一个聪明的办法。

　　我的朋友落落就经常遇到需要拒绝别人的情况，而百虐成"精"的她，已经在亲朋好友不断求助的过程中总结了一套行之有效的拒绝方法——"嗯，好，我考虑考虑，明天再回复你"是她屡试不爽的拒绝话术。

　　落落是一名出色的平面设计师，在亲朋好友那里名声响亮。于是，烦恼的事也接踵而来，总会有朋友对落落发出这样的请求："你不是会修图吗？帮我修一下我新拍的照片呗？""你做设计的，会做海报吧？我新开的店铺想做几张宣传海报，你帮帮我呗？"这些请求让她十分苦恼。

　　刚开始，落落试过直接拒绝这些亲戚朋友，可朋友们常说："咱们是这么熟的朋友，你怎么连这点小忙都不帮呢？"几次拒绝，导致落落和亲朋之间的关系闹得很不愉快。

　　后来落落学会了一个"拖"字诀，用沉默去应对这些亲朋好友。每次接到这些恼人又无礼的请求时，落落先会笑呵呵地应答："大概可以吧，我考虑考虑/研究研究，我暂时有点忙，等明天再答复你。"

　　如果朋友们第二天再询问，落落还会采用"明日复明日"的推脱方式。后来亲朋好友们也就不大找落落帮忙了，而落落也没有像原来直接拒绝那样，把人得罪光。

　　常言道："救急不救穷。"帮人也是一样的，偶尔施以援手可以，如果你周围的人习惯依赖你的帮助，为了避免长久的麻烦，你可以用"沉默的回答"来表达自己的拒绝。

　　场面话中，所谓沉默的回答，并不是让你不和对方说话，而是强调在"沉默"中拖延，最终让对方失去耐心，或者明白你的沉默其实是一种拒绝。这比语言上的直接拒绝更加委婉，不容易伤害对方，也不会让你因为拒绝而和别人"结下梁子"。

很多明星出现一些新闻时，都会选择"冷处理"，不回复媒体的问题；一些名人在外交场合遇到不好回答的问题时，也会说"无可奉告"。这些都是生活中用"沉默的回答"进行拒绝的方式。

社交中的你如果也遇到不好拒绝，又怕影响彼此关系的请求，不妨也用"我考虑考虑""明天再说""要不等下次看看"等模棱两可的回复，表达你想要"冷处理"的态度。这种"沉默的场面话"可谓无声胜有声，你既不必大费口舌，胡编乱造一些拒绝的理由，对方又能感受到你想拒绝的意图，而因为你并没有明确拒绝对方，所以对方也不易心生怨恨。这可谓是拒绝的场面话中十分温和无害又奏效的一类，值得我们多多应用。

赞美先行，让被拒绝者更舒心

社交场合中，很多应酬让我们十分苦恼，这其中不乏一些人的好意。有些好意让人如沐春风、欣然接受，而有些好意就像"妈妈觉得你冷，让你穿秋裤"一样，让我们表面微笑，内心抗拒。

面对别人的一片好意，如果我们生硬地拒绝，势必会打击对方的积极性，伤害对方的热情；如果接受，又让我们痛苦不堪，甚至浪费时间和精力。所以，最好的办法，不如让赞美先行，传递出你对别人的感谢和理解，再委婉地拒绝，表现自己无法接受的遗憾，这样对于被拒绝者而言，是一种情绪上的温柔照拂，能让对方面对你的拒绝更加舒心，进而坦然地接受。

生活中，面对这种"身不由己"的场面，先用赞美和感谢维护对方的情绪和面子，再使用谢绝对方好意的场面话，总能让我们给别人留下好印象。这种方法放之四海而皆准，知名作家刘子超就经常在他的旅行中用这种方式谢绝别人的好意，同时收获了对方的理解与好印象。

北大毕业的刘子超是近年来新崛起的青年作家，他曾将自己的旅行经历写成《失落的卫星》《午夜降临前抵达》等优秀作品，并获评"全球真实故事奖"等奖项。刘子超在其旅行见闻里，就讲述过他在游历中欧时曾温柔而礼貌地谢绝路遇友人的邀请。

某次旅途中，刘子超遇到一位相谈甚欢的英国姑娘，两人畅谈很久后，姑娘邀请刘子超参加自己与几个朋友在房车里举办的派对。虽然这位姑娘盛情邀请，并把派对描述得很有趣，但出于对行程安排的考虑，刘子超还是要拒绝这位热情的姑娘。

他先是这样问对方："你说的是什么样的派对呢？"

姑娘回答："派对里有不错的酒。"

刘子超紧接着说："那应该很棒，我很想去，但我明天一早就得走了，要离开这里，去别的地方。"

面对刘子超的回答，姑娘看了看表，说："好吧，我也得走了，很感谢你刚才的酒。"

刘子超给自己找了个聪明又得体的拒绝理由。先是积极地询问对方"是什么样的派对"，并感叹"那应该很棒，自己很想去"，用好奇和赞美让对方感受到自己是希望能参加的，先给足对方面子，再用"要离开"这个客观理由做借口，表示无法参加。这样即使是被拒绝，对方也能欣然接受，而不会感到受伤和难堪。

日常社交中，我们也会遇到以上这样令人盛情难却的场合，这时候不妨学学刘子超说场面话的方式。

朋友的同事喜欢做美食，常把自己的作品带到公司与大家一起分享，而我的朋友平时健身，需要严格控制饮食。每次被投喂时，她就会这样说："谢谢亲爱的！一直听她们说你做东西特别好吃，我也好想吃啊！可惜最近上课，健身教练给我制定了训练食谱，我必须按规定吃。等过段时间，课程告一段落，我再品尝你的手艺。"

像这样用赞美的话夸奖对方，不但能体面地拒绝，对方也不会把心思放在被拒绝的失落上，反而会因为你的夸奖，心里又甜又美。而我们同时能收获对方的喜欢，也不是一件意外的事了。

总而言之，生活中遇到别人善意的好心或热情的分享，不必担心你的拒绝会伤害对方。你可以选择温柔的方式委婉拒绝：先赞美对方的好意，感激对方的热情和关照，再说一些客观原因表示自己无法接受对方好意，并表示出自己的遗憾。在说这些场面话时，注意神态应自然、和蔼、真诚，让别人感受到这是你发自内心的回答。这样即使是拒绝对方，也能让对方舒心，为你赢得好印象、好人缘。

点到即止，将反驳之意传递给对方

古语有云："言者，心之声也；心者，情之境也，神之舍也。心有生而得发也，言自在也。"强调的是，我们说话是为了表达心声、说明想法、传递意图。"说"这个动作为表象，让别人理解自己的心声和意图才是核心。由此可见，很多时候，场面话并不是说得多才有用；相反，如果你能三言两语，点到即止，将自己的意图准确传递给别人，也许会收到事半功倍的效果。

在人际交往中，我们都知道直接拒绝和反驳别人会惹人不快，让人尴尬和难受。这时候，可以采取点到即止的方式来表达你的拒绝和反驳。中国人自古就讲究说话聊天要"闻弦歌而知雅意"，在反驳和拒绝的场面中，学会说七分留三分，让对方慢慢品味和理解自己的意图，隐晦地传递拒绝之意，正是自古以来传承下来的场面话的智慧，即使在当今时代也值得我们继续发扬。

回顾历史，齐国大臣弦章就曾用点到即止的说话方式劝诫齐景公，不但让齐景公谦虚受教，也让其对弦章好感倍增，提升了弦章在齐景公心中的地位。

齐国自善于谏言的大臣晏子去世之后，齐景公已经近十七年没有听到过别人的劝谏之言。哪怕齐景公在宴会中射箭脱靶，周围也都是一片叫好称赞之声，这让他极其烦闷，于是就和弦章说了此事，抱怨大臣们阿谀奉承，都是无能之辈。

听到齐景公的抱怨，弦章思忖片刻说："想来一定是这些大臣们的错。他们素质低，胆子又小，所以才没有能力为您递上有用的谏言，不敢冒犯您的威严。但是，我听说过这样一个说法，如果国君好锦衣华服、珍馐美味，他身边的大臣自然会进献给他。这就好比尺蠖这种昆虫，它吃黄色的东西，身体会随之变为黄色，吃绿色的东西，身体就会变成绿色。由此可见，身为国君的人，周围奉承之言总会有吧。"

齐景公听完弦章的点拨，明白了对方是在暗示自己，当前的奉承之言不过是投其所好、上行下效，问题的根源还是在国君自身。于是齐景公痛定思痛，不但没怪罪弦章，还很感谢他，后来也一改往日爱听奉承的习惯。

弦章本意是反驳齐景公将问题都归咎于大臣身上，而忽视反省自身的言论，但他并没选择直言劝谏，而是用尺蠖类比，以场面话旁敲侧击、点到即止地表示反驳之意，进而提点对方。深入分析，如果弦章直接说教齐景公，可能不如这样点到为止，让对方自己领悟的效果好。

生活中的社交也是如此，场面话点到即止，给对方留几分面子和余地，让对方自己琢磨你话中的深意，既能保全他人的面子，又能避免直接表达所带来的伤害。

所以，反驳或拒绝别人时，我们可以将反驳和拒绝的意图藏在场面话中，给人以余音绕梁的丰富联想。而想拒绝别人时，也要注意说话要留情面，话不在多，一语中的，点到即止就好。有时候反复唠叨、苦口婆心的解释、拒绝和反驳，有可能激起对方的逆反心理，反而逼得对方跟你唱反调。

言不在多，贵在精妙。反驳和拒绝别人时，三言两语痛击冰山之上即可，至于冰山下的波涛汹涌，留给对方去琢磨。这样不但你说话省力，对方也会记得你留有余地的好意。

迂回表达，不伤他人的面子

俗话说："人活一张脸，树活一张皮。"如今的人际交往中，我们也经常会说"给你三分薄面"这种场面话。可见，中国人好面子的习惯和中国传统文化中"得饶人处且饶人"的理念也渗透到了当代社会中。

经常会有人在社交场合被人反驳或者拒绝，表现出气急败坏的负面情绪。其实惹他们生气的主要原因，很可能不是被反驳或被拒绝这件事本身，而是在这一过程中，他们觉得自己的尊严、权威被损害了，有种被"打脸"的感觉，这让他们觉得"面子挂不住"，所以才会恼羞成怒。

人情世故做场面中，并不是要求我们必须迎合他人，一味地说"是"，也要学会有技巧地表达"否"，迂回说真话，驳人不驳面。确保场面上的人即使被反驳和拒绝，也不会被损害到尊严，这样的说话之道才能让你在社交圈中既做真善好人，又能广获交情。

曾听过这样一个古代故事，讲一位师爷机智反驳县令，却并没有被对方记恨。故事里师爷的迂回表达之术，值得我们学习。

据传古时候某位县令非常喜欢附庸风雅，用今天的话说，属于"人菜瘾还大"的那种，明明不善丹青，却经常作画，还要拉着下属一起欣赏，让大家评价。而且这位县令并不是心胸宽广之人，但凡有手下说出不好的评价，就会被县令惩罚、打板子。这件事把大家搞得苦不堪言。

某日，这位县令又画了一幅《猛虎下山图》，让一众手下评赏。因这幅画作水平着实太差，画中的虎像只猫，大家看后不敢作声。

这时新来的师爷说："老爷，看到您这幅画，我有点怕。"

县令不禁好奇地问："何惧之有？你说说，有我在，莫怕。"

师爷回答："不仅我怕，老爷您也怕。"

县令诧异，并被勾起了好奇心，追问："我怕什么？仔细说来听听。"

师爷说："您作为臣子，必然会怕皇上。而皇上是天子，怕的自然是老天。老天爷也并非什么都不怕，老天爷怕白云遮天，而云又怕清风吹赶。即使是强大的风，也怕这房屋墙隔。墙呐，最怕的又是老鼠打洞，而老鼠，最怕的……当然是它！"

师爷一番话说完，笑吟吟地指着墙上县令的新作。县令明白对方暗示自己画虎像猫，但却因师爷从容周旋的话而哈哈大笑，反而没对师爷进行惩罚。

从这个故事中，我们能看到这位师爷在与县令互动中的不卑不亢。虽然同样是在反驳对方，但是师爷借题发挥、迂回作答，既表达了自己的真实看法，又没有直接挑衅县令的尊严和权威，让对方的面子没有受损，自然也就不会惹对方反感。

人际交往中，当你想拒绝或者反驳别人时，不妨尝试一下这种迂回的场面话方式。迂回表达可以借题发挥、避实就虚，先顾左右而言他，用一些场面话降低对方被拒绝和反驳后可能会产生的负面情绪，既让对方觉得你以诚相待，又不让对方难堪丢脸。这样的反驳和拒绝，有时候不但不会导致对方记恨你，反而可以让你在对方心中留下诚实稳重、会说话的好印象，给双方交情留有余地的同时，也有助于拉高你在他人心中的位置和评价。

所以，不要害怕讲真话得罪人，只要你学会迂回的表达方式，一些反驳的话也能说得人心情舒畅。

第十章

特殊场面，懂规矩让你开口不怯场

社交场面话是每个当代人的必修课。每个人都不可避免地要面对婚丧嫁娶、生日宴请、演讲慰问等场合。在这些场合中说好场面话，不但决定着你能否成功，也影响着你和周围人的关系。

面对不同的人、不同的场面，就要使用相应的说话方式。懂得这些特殊场面话的规矩，才能让你在人际交往中有礼有节不尴尬，言谈举止不怯场。

展现自身魅力，不同场面不同话

没有什么话是放之四海而皆可用的。说话要想引起别人的兴趣、获得别人的好感，我们就最好不要跟一位科学家谈金融，跟一位生意人谈哲学。因为隔行如隔山，甲乙感兴趣的话题，丙丁未必会跟你聊。面对不同的人，要说不同的话，身处不同的场面，也要说合乎这个场面的得体话。这样才能让你在形形色色的人面前，在多种多样的场面中，时刻展现自身魅力，在社交活动中获得更多人的喜欢。

俗话说："见什么人说什么话，过什么山唱什么歌。"我们想在人际交往中得体又广受欢迎，就要掌握因人而言、因地制宜的说话习惯。场面话就像一把打开社交大门的钥匙，一把锁头配一把钥匙，你能拿对钥匙，才有机会进入更广泛的社交圈子。

曾经听过这样一则笑话：某人在朋友圈里是出了名的伶牙俐齿，有人问他是怎么做到的，他笑着说："这并不难，想说话取巧，让别人更喜欢你，那就看对方是什么人，看你们在什么场合。对什么人说什么话，在什么场合说什么话。比如，你跟医生就谈论疾病，你跟老师就谈论教育。"

求教者又问："那如果医生和老师同时在场呢，你和他们谈什么？"这人扑哧一笑，说："我会和他们谈谈如何能让学医的学生不挂科！毕竟医学院的考试太难了，对医生和老师来说都是个难题。"

虽然这只是个笑话，但也是对我们人际交往说好场面话的启示。不同的场面中，有不同的说话节奏、言谈方式、语气分寸。婚宴场合说恭喜，葬礼场合说节哀，领奖台上表感谢，慰问别人说保重，我们要先了解不同场合说什么更得体，再研究这些场合中的人心中想听到什么话。分清场合，说别人想听的话，才能达到你说话的目的。如果你还能选对别人喜欢的说话方式，那你的场面话将收获更好的效果，赢得更多人的欣赏。

因人而异、因地制宜的场面话，需要我们掌握不同的谈话技巧。使用时，可以从以下两个方面入手。

1. 场面氛围不同，说话分寸不同。社交场面可以分很多种，但粗略划分，我们可以将其分为生日宴、婚礼酒宴等欢乐的场合；葬礼、探病慰问等悲伤的场合；颁奖典礼、演讲等严肃的场合。针对不同的氛围及场合，说场面话时要注意把控好情绪，说话的内容和情绪要能够配合场面中的氛围。比如参加葬礼去开主人玩笑，参加生日宴却说些丧气话，这都是禁忌，要加以规避。

2. 场面人物不同，说话态度不同。在不同的社交场面中会有不同年龄、辈分、身份的人，我们在说场面话时，要注意区分这些人的年龄、辈分、身份等。面对小辈，场面话要包容，切忌倚老卖老；面对长辈，要尊重礼让；面对工作上的同事，要严谨谦逊。总之，要根据场面中的人物调整你的语气态度，让对方在与你的谈话中感到舒服自在。

社交中的场面分为很多种，要具体场面具体分析。本章后续内容将详细说明面对各色各样的社交情况时，我们如何进退自如，从容作答，用场面话为自己赢得好人缘。

婚庆场合，巧妙祝酒，其乐融融

婚礼庆典是吉庆喜事，酒宴上经常需要人们举杯同庆，说一些婚庆场面话，表达美好祝福和深厚情谊。一段好的祝酒词能够让新人喜笑颜开，让亲朋其乐融融。婚宴上的祝酒词或吉祥话是宴会中情感的催化剂，能够让入席者感情更为亲密融洽。

早在中国古代，就流传着许多庆祝婚礼的诗词歌赋，那些传统文化中的婚姻祝福语，亦可看作今天婚礼场面话的原型。

《诗经》中，《国风·周南》就有这样一首名为《樛木》的诗，表达对一位"君子"新婚的祝福。其中典型几句是这样写的："南有樛木，葛藟累之。乐只君子，福履绥之。"意思是，南方有生长茂盛的树木，树木有下垂的树枝，葛藟爬上树枝，在这树枝上快乐地生长，而一位快乐的君子，能够用自己的善心善行来安抚别人，使人安定。

这首含蓄的诗歌就是用在祝贺新婚中的，既夸赞新郎是善心善行可靠之人，又恭喜新娘觅得良人，今后有人相依，必将安定顺遂。

像上面《诗经》中这样给别人婚礼敬词送祝福的场面话，传承到今天仍然适用。婚庆场合中说祝酒词和恭喜的场面话，也可以秉承夸奖新人在先，祝福恭喜紧随，展望未来收尾的说话思路。只要能掌握好分寸，这样的场面话将帮你赢得更多人的好印象。

李磊和王媛的新婚喜宴上邀请了一众亲朋好友，喜宴中，李磊带着新娘挨桌敬酒。来到李磊朋友发小这桌时，一位与李磊相识多年的老同学端起酒杯敬新人，他开始喋喋不休，从自己和李磊的同学情谊，说到一对新人恋爱时自己是如何帮忙，虽是一通肺腑之言，但洋洋洒洒、东拉西扯，让敬酒的新人和同桌的朋友都略显尴尬，大家都露出了不耐烦的神色。

这时，同桌上另外一位李磊的同学笑呵呵地站起来，举起酒杯，打断这位热情的同学，说道："好好好，知道你和咱们新郎官感情深，不都说'感情深，一口闷'么，今天我陪你一起敬二位新人，这二位郎才女貌、天生一对，咱就祝福他们甜甜蜜蜜，早生贵子。咱们这些年的感情哪说得完，都在这杯酒里了！"

这位朋友的插话既帮一对新人解了围，缓解了尴尬的场面，又避免了让那位话多的朋友难堪，同时还真诚、周到地表达了自己对新人的祝福。可谓一箭三雕，让同桌的人都松了一口气。这番周到的场面话既获得了大家的赞许，又让婚宴氛围其乐融融。

日常人际交往中，在参加婚宴时，我们也要吸取上面这个例子的教训和经验，记住在婚庆场合表达祝福时要适可而止，不能喧宾夺主。

婚庆场合祝酒，不适合长篇大论，要根据自身和新人及亲友关系的亲疏远近不同，有分寸地说出祝福。而祝福的话语最好围绕一个主题，比如祝新人婚姻和和美美、相亲相爱等，这样的话不但新人能够承情，周围其他亲朋好友听了也舒心，会觉得你得体有礼，从而对你产生好印象。

最后，如果想在婚宴祝酒词中显示自己的文化素养，还可以用一些古典文化作为祝福语，比如祝福新人"千里姻缘一线牵，百年恩爱双心结""芝兰茂千载，琴瑟乐百年"等。这样给婚宴场面话加点文采的"小心机"，既幽默有趣，又能让别人对你刮目相看，觉得你是一个有底蕴的人，日后你自然能在人际交往中给别人留下好的印象。

生日场合，祝福送到心坎儿里

中国的生日文化起源于南朝时期，最开始是家中生孩子，庆祝添丁而宴请宾朋。历史兴替，直到明清以后，才逐渐有了庆祝添岁而过牛日的风俗，过生日也逐渐变成人们生活中比较有"仪式感"的事情。时至今日，很多人过生日都会或简单或隆重地庆祝一下，和亲朋好友一起，用美味佳肴和生日蛋糕共同庆祝自己又长了一岁。而在这样的场合中，来自亲朋好友的祝福语必不可少。

生日祝福场面话看似简单，其实大有学问。很多人送生日祝福时，都会有些犯难。到底如何能让自己的生日祝福脱颖而出，既博得"寿星"的欢心，又能机智得体，为自己赢得社交中的好印象呢？其实，关键还是要把场面话说到别人心坎儿里，把祝福的话说到别人的关心处。

刘老师是一位兢兢业业教书30多年的老教师，一心扑在学生们身上的她，最开心的事就是教过的学生个个有出息，还能时不时回来看看她。

一次她生日时，毕业的学生一起回来看她，顺便给她过生日。生日聚会上，一直和刘老师关系亲近的班长端着杯子站起来，说："同学们，今天是咱们刘老师过生日，我手里是一杯水，都说饮水思源，看着这杯水，我就想起当年刘老师课堂上讲课、班会上教育咱们的样子。咱们有今天的成功，和刘老师的悉心栽培分不开。滴水之恩，涌泉相报。我代表大家向刘老师保证，咱们都会越来越好，给刘老师争气。大家以水代酒，敬刘老师一杯。祝刘老师教出来的学生一届更比一届优秀，咱们以后能'年年有今朝'，聚在一起为刘老师过生日！"

班长这一席生日祝福，既对全体学生表达了美好祝愿，又祝大家以后能年年相聚为刘老师过生日。祝福的两点都是刘老师最在意的问题，自然哄得老师满心欢喜，在生日宴上喜笑颜开。

日常社交参加别人的生日宴时，我们不妨也学习一下这位班长，场面话别只说"生日快乐""福如东海，寿比南山"这些别人听惯了的客套话，稍微用点心，根据你对对方的了解，从对方最在意、最关注、最想得到的方面送祝福，才会让你的生日贺词不套路，让场面话说得有分量。

有分量又能让人记住的场面话，一般都更为具体和有针对性。把宽泛的祝福缩小成只专门针对他一个人的祝福，就能在对方心里激起波澜，收获意想不到的效果。

比如给平时喜欢篮球的小孩子过生日送祝福，与其说"祝你学业进步、茁壮成长"，不如把你的祝福具体化，改说"祝你快快长大个儿，以后当个出色的篮球运动员"。这样带着希望的具体祝福会让对方感受到你的期待和信任，对方也会因为你走心的祝福而开心。

给当母亲的女性送祝福，则可以祝对方"越来越漂亮""身材苗条""孩子能够有出息，考入名校"等。多数母亲都担忧自己青春不再、期盼孩子成才，传递与之相关的生日祝福，就能直击要点，为对方最担心的问题送出美好祝愿，对方自然会心存感激，觉得你的生日祝福听起来最顺耳。

在生日场合说好场面话，最关键就一条：把祝福送到别人心坎儿里。学会了，你就能在别人印象里脱颖而出，收获好评。

葬礼场合，敬赞逝者安慰亲属

婚丧嫁娶在中国人传统观念中是十分重要的人生大事。尤其几千年传统文化传承至今，秉着逝者为尊的礼仪文化，即使是当代人，也十分重视葬礼场合的体面性。

人际交往中，我们不可避免要出席一些葬礼场合。这些场合或关乎亲朋好友，或关乎同事领导，既是我们对逝者表达哀思的场合，也是向生者展示我们自身素质和情商的机会。你的一言一行都会影响你在社交圈中的口碑。所以，在葬礼场合，如何得体地安慰别人、表达心意，是说好场面话中重要的一课。一句话说得好，有可能让别人感激你，对你心生好感；若是说错话，不仅会导致场面尴尬，严重时还可能会破坏你和朋友之间的友谊，影响他人家庭和睦。

小孙是个心地善良、快人快语的姑娘，然而就因为她快人快语，平时说话不分场合，差点让她和好闺蜜决裂。

某次，小孙的闺蜜欣欣发信息邀小孙参加婆婆的葬礼。平日里，小孙和欣欣闲聊时，常听到欣欣抱怨，说自己的婆婆因为胃癌晚期，不但治病花费多，还因病重导致脾气越来越差。老太太总和照顾她的欣欣争吵拌嘴，这可折腾坏了陪床照顾的欣欣。欣欣婆婆的病逝，其实对双方来讲，都是一种解脱。

去参加葬礼的小孙，先是和欣欣的老公、朋友等宾客简单寒暄，随后就陪着闺蜜欣欣聊天。见欣欣一脸悲伤的样子，小孙本意是想安慰对方，便快人快语地说："亲爱的，别难过嘛。你婆婆也那么大年纪了，生病熬了这么久，走了也不算坏事。再说了，我记得你之前跟我念叨过，老人生病时，你伺候着也遭了不少罪。这回老太太走了，也算好事，你也别难过了。"

没想到，小孙这番安慰的话却被走过来的欣欣老公听到了。听到小孙提到欣欣之前的抱怨，又听到两人言谈中有"老太太走了，也算好事"这种过分的言辞，欣欣的老公当场就拉下脸来，回家后又和欣欣大吵了几次。小孙这样一段安慰的话让原本亲密的小两口产生了隔阂，好闺蜜欣欣后来也因这次不愉快和小孙逐渐生分起来。可谓是，一席话毁了一段好友情。

小孙安慰闺蜜的本意是好的，错在她犯了在葬礼场合说话的禁忌，不该讲逝者是非、论他人亲疏。我们在日常社交中如果想避免出现小孙这样的尴尬事，葬礼场合说场面话时，就要记住"三不说""三可以"的原则。

首先，参加葬礼我们可以说三类场面话：称赞逝者的，安慰亲属的，表达哀思的。这三类场面话说的时候要注意，不必落实到具体事件上，因为很多时候我们不足够了解在场宾客的人际关系，言多必失。所以，可以说一些简单得体的场面话，诸如"×××以前经常帮我，这么好的人，可惜了""节哀顺变，逝者安息，你们家属要注意身体，不要太伤心了""祝他老人家一路走好，相信走了的人只是去了另外一个世界，他们依然能看到我们，不希望我们过于悲伤，把日子过得好起来，才是对老人家最大的安慰"。这些敬赞逝者、安慰亲属的话都能帮你获得逝者家属的好感。

其次，要注意有三类话在葬礼场面不要谈及，分别是：抱怨逝者的，讲逝者及其亲友是非的，以及开玩笑的话。葬礼是非常严肃的场合，无论逝者生前的品行如何，和你亲疏关系如何，在葬礼上都需要给逝者及其家属、亲朋足够的尊重。抱怨逝者错处、讲他人亲朋好友的八卦，如果被旁人听到了，会觉得你是背后嚼舌、不可信赖的人，容易破坏你在他人心中印象，让人对你敬而远之。如果被逝者的亲友听到，还可能会引起反目，造成糟糕影响。而玩笑话则属于对逝者及其家属的不尊重，更不应该出现在葬礼场合。

葬礼场面话掌握以上"三不说""三可以"的原则，才能让你说话不尴尬，给人留下亲近可信的好印象，让你在人际交往中获得更多好评。

领奖场合，别忘记感谢陪你成长的人

上台领奖是一件开心的事。一个奖项是对我们能力的肯定，也是对我们过往努力的褒奖。领奖时自然少不了要说一番获奖感言，但获奖凭实力，获奖感言能不能说得皆大欢喜，却要考验我们的情商了。

领奖场合上，一段好的获奖感言能够给你锦上添花，而一段糟糕的获奖感言，不但会影响他人对你的印象，削弱你在领奖台上的光彩，甚至会影响你获得奖项的分量。那么，如何在领奖场合说一段"漂亮"的领奖致辞，让人对你留下有礼有节、底蕴深厚的好印象呢？

感谢自己过往的努力，感谢陪你成长的人，这两点在你的领奖场面话中缺一不可。

某著名演员在获得最佳男主角时，就曾用一段感情真挚又滴水不漏的领奖词收获了大家的一致好评。

这场颁奖典礼上，这位演员得知自己获奖，十分激动。上台后的他先是配合主持人幽默地调侃了一番，随后说出了下面这段情真意切又充满感恩的话："如果没有剧中几位演员配合，就没有我这个最佳男主角，也没有这部完美的影片。在此，我想感谢剧中合作的所有演员，感谢本片导演，感谢这个电影、这个剧组。没有你们，也就没有今天这个奖项。同时，中国影视行业发展这么多年，有那么多的优秀影片，我一直相信是好的作品在滋养着演员。因为有那么多优秀的前辈们同行，有他们伴我成长、鞭策我、帮助我，才能有幸获得今天的奖项。我相信这种前辈的传艺帮带，会成为行业中的一种优秀精神，而我也愿意和各位优秀的同行们一起努力，把更多精彩的作品奉献给大家。谢谢大家！"

这位演员说出这段获奖感言之后，收获了颁奖现场雷鸣般的掌声、新闻媒体的一致褒奖，以及听过这段致辞的人对他的修养、品格、感恩、敬业等优秀品质的钦佩。

有一些人站在光芒万丈的领奖台上的时候，更多的是回顾自己有幸得奖的不易，而忽视了对他人表达感谢。这位演员却将演员、导演、剧组，甚至整个行业，所有前辈的功劳放在自己之上，把感谢的话说得质朴真诚，让人心生好感，感受到他人格中的魅力。

其实，像这样高情商的场面话，对普通人来讲也有借鉴价值。所谓"赠人玫瑰，手有余香"，当你能抱着感恩的心，感谢成长中帮助过你的人时，传递给外界的信号就是你是一个谦逊善良、看重情分、心怀感恩的人。这样的人谁不喜欢结交呢？你的人脉关系网自然就能通过领奖时的场面话打开，像滚雪球般越滚越大。

所以，当你有机会走上领奖台发表获奖感言时，一定要记得感谢陪你成长的那些人。除了一些特定人物之外，感谢还可以落实到某个企业、某个行业，或者一些"小角色""大环境"中的人。这样的感言更能让人看到你平等待人的闪光点，给人以素质高、人品好的好印象。

总而言之，在领奖台上抬高别人，也是一种高明地彰显自己的方式。人人都希望自己的人脉网中有这样一个能力卓越，又谦逊有礼、懂得感恩的人。领奖场面话中让人看到你的这些优点，你的人脉圈将再扩一步。

慰问场合，别让过分客气变"虚伪"

走访慰问是我们经常会遇到的场面。上到领导慰问基层员工，下到同事生病我们去探病慰问，各类慰问场面考验着我们的情商。在慰问场合说好一句话，可能赢得他人的感动，而说错一句话，则可能遭到他人背后吐槽，落得个情商低的不良印象。尤其对身处高位的人而言，会说慰问场面话才能帮你赢得人心。

无论是看社会新闻，还是观察日常生活，我们都能发现有些领导虽然会关心慰问下属，却并没有达到传递关怀、暖人心扉的目的，反而让被慰问者觉得对方的慰问流于形式，心里并不领情。之所以造成这种情况，主要就是慰问场面话没有说好，过分的客气反而让别人觉得虚伪做作，缺乏真实的情感互动。

张烨就职于一家互联网公司。某次，他因为过度疲劳而病重住院。住院期间，部门领导十分关心张烨的身体情况，曾多次探望，但领导每次说的话总让张烨感觉做作，甚至心生厌烦。

某天，这位领导去探病慰问，进入病房后对张烨说："这次项目辛苦你了，你病了，同事们都深表担忧。我在全体会议上表扬了你的干劲儿，让大家学习你工作拼搏的精神。咱们公司就需要你这样有拼劲儿的人啊，你就是我们部门的标兵。所以，你要注意身体，快点养好病。这是我代表同事们送来的水果，一会儿洗洗吃。"

当时的张烨还处于病情严重，无法坐起来的虚弱状态，别说吃水果，和领导说一段完整的话都要气喘吁吁，但他碍于情面，还是对领导说了半天的客套话。等领导走后，张烨和照顾他的亲人吐槽说："真是谢谢我们领导啊，他少来几次，我还能好得快点，听他的客套话真的累死人了。"

领导慰问下属原本是一件具有正能量的事，可为什么下属会如此反感，不仅不领情，反在背后吐槽呢？

其实，关键还是这位领导的场面话说得太"假"，难以让人动情。员工因为工作累病，表扬是对的，但在探病慰问时，一个劲儿唱高调、"戴高帽"的表扬，反而会让员工觉得这种夸奖不是真情实感，而是碍于形势的敷衍。另外，这位领导在看到员工病情严重的情况下，还不合时宜地让员工吃水果，虽是客气话，却难免给人不走心的感觉。

吸取这个例子里的教训，我们在慰问他人的场合里，要想表达心意，又获得对方好感，就一定要注意，场面话在精不在多，别让你过分的客气变成别人眼里的虚伪。

类似这样慰问病患的场合，要想把场面话说到对方心坎儿上，首先要掌握表达关心和感谢的分寸，可以简单询问病人和家属的情况，宽慰对方不要焦虑，给对方恢复健康的信心。比如"看你脸色越来越好了，好好休息，大家都等着你康复呢！"

还可以给对方讲讲外面的情况，让对方宽心。很多人生病后，会担心自己工作的稳定性或担心外界与自己有关的情况。如果慰问时能给对方讲述一些外面的情况，传递积极的情绪，就可以缓解病患的焦虑，病患心里也会记得你的体贴周到，感谢你的好意。

另外，无论是慰问时送礼品，还是慰问拉家常闲聊，都要察言观色，避免惹对方反感。像上面的例子，如果那位领导在看到张烨病情严重，无法吃水果的情况下，能够灵活变通，说一句

"你现在还吃不了水果，这水果给你家人吃，他们照顾你也挺辛苦的"，这样则会给对方留下细心周到的印象，从而获得更多的好感。

由此可见，慰问场面话要真诚、走心，解人燃眉之急，说到人家心坎儿里，才能发挥真正的作用，让对方领情，使对方对你产生更多好感。

演讲场合，用"闪光点"让更多人记住

演讲是对一个人口才、观察力、临场应变能力等多方面的考验。一个成功的演讲者，不但是个高效的表达者，也必然是个自信的场面话高手。因为一场演讲成功与否，很大程度上取决于开场前三分钟内演讲者能不能用自己的开场白抓住观众。如果能让观众跟着自己的演讲节奏走，快速沉浸到演讲的环境氛围中，那么这场演讲就会渐入佳境。若是一场演讲的开场白根本无法吸引观众，这场演讲就已经失败了一半。

演讲场合中，开场白是演讲者和观众之间的角逐与拉锯，谁占上风，谁就能掌控场面。所以一个受欢迎的演讲者在说开场白时，一定会用更多的"闪光点"让观众记住他、接受他。因为他们知道，一场演讲的"黄金时间"都在开场。

在演讲开场噱头的把握上，我国著名教育家陶行知先生就自有一套方法。研究教育学的他对心理学和讲台的把控也十分专业，在一次武汉大学的演讲中，陶行知先生就给我们

上了生动的一课——好演讲，开场就见分晓；场面话，有效不拘一格。

某次，武汉大学邀请陶行知先生进行一场关于学习主动性问题的演讲。演讲开始后，陶行知先生不慌不忙地走上讲台，先是从带来的箱子里拿出来一只大公鸡，在台下观众的惊诧中，陶先生又从兜里抓出了一把米。他把鸡和米都放在讲台上，先是按住公鸡的头，想让公鸡吃米，见公鸡不断挣扎且拒绝吃米，陶先生又捏起公鸡的嘴，硬把米塞进去，而这只公鸡则挣扎得更厉害了。随后，陶行知先生把公鸡和米都放在讲台上，在不强按头的情况下，这只公鸡居然自己吃起了米。

这时候，陶行知先生开始演讲了，他说："我认为教育和喂鸡是有相似之处的。老师把知识灌输给学生，强迫学生学习，自然效果不好。即使学生学了，也是食而不化。如果能让学生的主观能动性发挥作用，让学生自由、自主地去学习，那我们的教育效果一定会更好。"

看完陶行知先生的一系列操作，以及听完这段精彩的开场白之后，台下掌声雷动，在场观众都对接下来的演讲非常期待。当然，陶行知的这场演讲特别成功，轰动了整个武汉大学。

像陶行知先生这样的演讲方式和开场白手法，就是抓住了开场"吸睛"的关键点。把教育学生学习的主观能动意识和公鸡吃米这样的自然反应联系起来，并辅以现场生动的演示，不但简单易懂，更不同于一般的学术演讲，而是充满风趣、活泼的亮点，自然能吸引观众，并促成这场演讲的成功。

平时的人际交往中，我们也经常会面对各种各样的演讲场合。可能是主持一次公司会议，可能是一次企业内部培训，还可能是一次入职的自我介绍。各式各样的演讲环境都需要我们游刃有余地说好演讲开场白，而要让开场白吸引更多的听众，就要学会在场面话中糅合一些特色，让人眼前一亮。只要有亮点加持，你就更容易被人发现和记住。

演讲场面话中要想有亮点，少不了在其中添加幽默的元素。比如，职场自我介绍的小演讲，别人开场都直报姓名，你却说："我叫李浥尘，桃李春风一杯酒的'李'，渭城朝雨浥轻尘的'浥尘'。"这样风趣幽默又文采斐然的自我介绍作为演讲开场白，不但能让别人迅速记住你，对你接下来的演讲内容感兴趣，可能还会让听者在心里偷偷想："这人有点儿东西嘛！"这样别人对你的好印象自然而然就形成了。

当然名字梗并不一定人人适用，但话同此理，人同此情，只要你的演讲场面话能循着这个思路，给别人创造惊喜，就能收获他人的好感和关注。

除了运用幽默元素，演讲开场白还可以用开门见山、一针见血的方式，开场即直奔主题，抓住观众痛点，调动观众的积极性。内容跌宕起伏、节奏又快的演讲，也能避免观众疲惫。所以，演讲中直奔主题后，注意用场面话引导观众的情绪，这也是制造亮点的一种方式。

　　总之，你的演讲中，开场白一定要加入富有个性的场面话，或幽默风趣、或单刀直入、或制造悬念，诸如此类。你制造的亮点越多，观众就越喜欢你，你的演讲就越容易获得成功。